U0735832

公共图书馆资源建设
与阅读推广服务研究

马崇环 著

延吉·延边大学出版社

图书在版编目（CIP）数据

公共图书馆资源建设与阅读推广服务研究 ／ 马崇环
著. -- 延吉 ：延边大学出版社，2024. 7. -- ISBN 978-
7-230-06933-5

I. G258.2；G252.17

中国国家版本馆CIP数据核字第20249M1J50号

公共图书馆资源建设与阅读推广服务研究

著　　者：马崇环

责任编辑：王铭庚

封面设计：文合文化

出版发行：延边大学出版社

社　　址：吉林省延吉市公园路 977 号　　　邮　编：133002

网　　址：http://www.ydcbs.com　　　E-mail：ydcbs@ydcbs.com

电　　话：0433-2732435　　　传　真：0433-2732434

印　　刷：廊坊市广阳区九洲印刷厂

开　　本：710 毫米 ×1000 毫米　1/16

印　　张：11.5

字　　数：200 千字

版　　次：2024 年 7 月第 1 版

印　　次：2024 年 7 月第 1 次印刷

书　　号：ISBN 978-7-230-06933-5

定　　价：78.00 元

前　言

在当今信息化社会中，公共图书馆扮演着越来越重要的角色，它们不仅是知识的海洋，更是连接社区、传播文化和推动阅读的桥梁。本书旨在深入探讨公共图书馆在资源建设和阅读推广方面的理论与实践，以期为图书馆工作提供新的思路和方法。

本书从公共图书馆的基本概念和特征出发，详细阐述了公共图书馆的职能、种类以及所提供的服务。之后进一步探讨了公共图书馆资源建设与阅读推广之间的关系。资源建设是图书馆发展的基石，而阅读推广则是图书馆社会价值的重要体现，两者相辅相成，共同构成了公共图书馆服务社会的两大支柱。

随着网络技术的飞速发展，网络文化对公共图书馆的影响日益显著。本书设专门章节探讨了网络环境下公共图书馆文化的内涵、特征及其发展，同时对公共图书馆的馆藏文献数字化建设进行了深入研究，包括特色数字资源建设的现状、高校公共图书馆的特色数字资源建设以及公共图书馆的资源共享等问题。这些内容的探讨，有助于我们更好地理解公共图书馆在数字化时代的发展趋势。

读者服务是公共图书馆工作的核心，本书对公共图书馆读者服务建设进行了全面研究。笔者从服务创新的角度出发，探讨了解决读者问题的关键所在，同时分析了读者服务工作对公共图书馆工作人员的要求，以及服务创新在经济技术进步背景下的必要性。此外，我们还对公共图书馆的文献流通服务进行了详细阐述。

在阅读推广方面，本书深入剖析了公共图书馆阅读推广的基本理论，包括阅读推广的实践与理论、文化内涵、推广规范和推广机制等；还对公共图书馆阅读推广的创新研究进行了探讨，如区域公共图书馆的阅读推广、利用新媒介促进阅读推广以及在"互联网+"时代下的阅读推广等。这些内容不仅为我们提供了全新的视角，还指明了公共图书馆在阅读推广方面未来的发展方向。

为了更具体地展现公共图书馆在阅读推广方面的实践成果，本书在最后章节详细介绍了公共图书馆阅读推广的具体应用案例。这些案例涵盖了微信、微博等社交媒体在公共图书馆阅读服务推广中的应用，以及公共图书馆开展专业阅读推广的实践与应用等。通过这些生动的案例，读者可以更直观地了解到公共图书馆在阅读推广方面的努力和创新。

本书在撰写过程中，参考了大量的文献资料，引用了诸多专家和学者的研究成果，在此表示最诚挚的谢意，由于笔者水平有限，书中的不足之处，敬请专家、学者及广大读者批评指正。

目　录

第一章　公共图书馆概论

第一节　公共图书馆的特征

公共图书馆是与社会大众关系最为密切的一种图书馆类型。公共图书馆的经费通常由政府提供，也可能来自其他机构的赞助。公共图书馆提供了一个专门的场所，用于收藏、保管、处理、分析、展示信息，并为广大民众提供了一个优质的学习环境。公共图书馆是一个提供文化资源的场所，是一个无障碍的社区，是一个传播文明的平台。

一、公共图书馆拥有的属性

（一）公共、公益

公共图书馆是一种基于公共税收的图书馆，旨在确保所有人都能够平等地获得知识和信息，并且免费向当地居民提供服务。因此，维护公共图书馆的公共供给，是确保所有人都能够享受到同样的学习权利的关键。从理论上说，公共图书馆的公共、公益性决定了它应该向社会成员免费开放和提供服务。当今，全球的公共图书馆大多提供免费或收费的服务，前者被称为基础服务，即核心服务；后者则被称为非基础服务，即增值服务。

（二）平等包容

公共图书馆服务应该有平等、包容的环境，旨在为所有人提供公平、公正的服务，以满足所有人的需求。这种服务应该是普遍的，不受年龄、种族、性别、宗教信仰、国籍、语言或和社会地位的限制。

（三）专业化

公共图书馆的专业化有四个表现：第一，利用先进的公共图书馆管理系统，确保读者能够快速、准确地找到他们想要的资料。第二，招募具备丰富经验的馆长，为读者服务。第三，建立完善的人才培养体系，以满足社会发展的需求。第四，借助各类社会团体的帮助，加强本地服务能力，实现更大的发展。公共图书馆应该积极拓展与各种图书馆的合作，特别是与相关行业组织的合作，从而更好地满足读者的需求。此外，还应该积极开展各种活动，如搭建沟通平台、编写专门的行业指南、开展专家培训、严格检查服务质量等。

公共图书馆员工需要遵循职业道德规范。各国图书馆协会制定的职业道德规范大致包括以下内容：图书馆专业人员对知识、信息、文献的行为规范，如尊重知识产权等；对用户的行为规范，如尊重用户的隐私权；对职业整体的行为规范，如维护职业声誉；对所在图书馆及母体机构的行为规范，如履行与单位签订的合同。

公共图书馆面临着众多不同的服务对象，这往往会导致许多争议，因此，公共图书馆员工更需要职业道德规范的指导，以确保公共图书馆的正常运营。

二、作为公共事业的公共图书馆

（一）公共图书馆提供"公共服务"

公共图书馆是一个旨在通过提供文献信息服务来促进社会公众文化素养和科学文化水平提升的非营利性机构。该机构的资金来源于国家财政，并通过转移支付的税收来支持运营。它负责向公众提供服务，并具备"公共服务"组织的基本特征。

（二）公共图书馆的"公共"性表现

第一，公共图书馆由政府部门管理，旨在满足社会的多样化需求。第二，评估公共图书馆绩效的标准不仅仅是收益或效率，更重要的是服务质量（QoS）、数量、满足社会需求的程度。第三，公共图书馆事业是一项全民参与的建设项目，既要求公众提供物质上的支持，也要求他们对其进行有效的监督。

（三）公共图书馆的公共事业特性

1. "大众性""公用性""公益性"是公共图书馆的特性

公共图书馆旨在为所有社会成员提供便捷的服务，它不仅与每个人的利益息息相关，而且旨在满足每个人的需求，因此它具有极强的公众性。

它不仅仅是一个文化基础设施，更是一个普遍的服务平台，每个人都可以从中获得知识，寻找自己需要的信息，并且能够从中获得满足，从而实现自我价值的最大化。公共图书馆具有公共性，为社会发展提供了重要的支持，尤其是在精神文化方面。公共图书馆的建立和运营旨在为公众创造共同的福祉，让每一位公民都能从中获得公平的利益，从而保证公共利益。

2."纯公共物品"是公共图书馆的核心特征之一

第一，公共图书馆的服务是一种独特的存在，它为社会各界的成员提供了便利。第二，为了保证其可持续发展，政府必须给予其充足的支持，使其成为一种独特的存在。第三，公共图书馆的服务对于提升人们的心理健康至关重要，因此应当全面确保其为社会提供优质的文化资源。

3. 对公平价值的追求高于对效率的追求

公共图书馆的宗旨就是通过提供优质的信息资源来帮助人们获取知识。公共图书馆致力于保证所有人都能获得同等的信息。因此，公共图书馆始终坚持着既保证信息的完整性又保证信息的有效性的原则。

随着公共图书馆规模的扩大，它们的普及性和公平价值得到了更好的体现。公共图书馆规模的扩大不仅仅意味着它们对于社会的发展，尤其对人的全面发展来说是不可或缺的一部分，更重要的是，它们构成了一个完整的体系，确保了公共图书馆的普及性和公平性。为了实现"全民终身教育"和"学习型社会"的目标，公共图书馆的服务必须具有普及性、公众性和全民性，并且要达到一定的规模，以便让每个人都能从中获益。

第二节　公共图书馆的职能和种类

一、公共图书馆的职能

（一）文献信息保存及传承职能

保护和传播人类文化遗产是公共图书馆的核心使命，也是它自出现以来一直致力于实现的目标。

（二）社会教育职能

社会教育职能对公共图书馆来说显得尤为重要。图书馆是没有围墙的社会大学，公共图书馆是人民的终身学校，这些都充分体现了公共图书馆的教育职能。

（三）文献信息传递职能

公共图书馆作为一种媒介，负责传播和分享文献信息，这是它在社会发展中的一个重要角色。这一职能一般通过流通、阅览和参考咨询等服务来实现。

（四）促进阅读职能

为了确保公众享有阅读权利，激发他们的阅读热情，公共图书馆应当承担起不可替代的责任。为此，公共图书馆应举办多种多样的阅读宣传活动，以期达到促进阅读的目的。

二、我国公共图书馆的种类

在中国，公共图书馆通常根据行政区划建立，由当地政府的文化部门管理，并设置在政府所在地。

中华人民共和国的公立图书馆分为全国图书馆、省（自治区、直辖市）图书馆、市（地级市、自治州）图书馆、县（县级市、市管辖）图书馆、乡镇（街道）图书馆、村（社区）图书馆、社会图书馆和青少年儿童图书室。

三、公共图书馆的用户（读者）

（一）定义

任何使用公共图书馆的资源、环境和服务，并从中受益的个人或组织，都可以被称为公共图书馆的用户。

（二）用户权利及其保障

1. 用户权利

一般来说，公共图书馆用户权利包括以下几方面：

（1）文化权利

作为公民权利的重要组成部分，文化权利对每个人都至关重要。它包括个人的文学选择、创作、阅读、表演等，并且这些选择都必须符合法律法规，以保护个人的合法权益。

（2）平等地获得公共图书馆服务的权利

《公共图书馆宣言》强调，所有的参与者均应该获得同样的机遇和尊严，无论其出生日期、文化背景、宗教信仰、职业、身份、民族。

（3）自由获取信息的权利

公共图书馆应该尊重并保护用户的自主权，并为他们提供所需的信息。为了帮助他们更好地使用图书馆的资源，公共图书馆应向他们提供有关图书馆收藏情况、布局、服务种类、开放时间以及相关规章制度的信息，也应尽力回答他们的提问，为他们提供最优质的服务。

（4）隐私得到保护的权利

为了更好地为社区居民提供便捷的服务，公共图书馆要严格遵守相关法律法规，并且积极采取措施，尽可能多地获取并妥善处理用户的隐私，以免造成社区内的安全隐患。

2.用户权利保障

公共图书馆保障用户权利有四个方面的措施：

（1）法律保障

为了确保用户的合法权益，公共图书馆在进行各项活动时，必须严格遵守《中华人民共和国公共图书馆法》，并且要遵守其他相关规章制度，如馆藏建设的收费标准、数字资源建设的著作权保护、网络传播的法律规定等。公共图书馆在运营过程中必须严格遵守相关法律法规，以确保用户能够获得最优质的服务。

（2）服务理念

要保障用户的权利，公共图书馆开展各项服务工作时就必须有先进的服务理念做支撑和导向。

（3）行业规范

根据中华人民共和国国家质量监督检验检疫总局、国家标准化管理委员会颁布的《公共图书馆服务规范》，能更进一步地确立公共图书馆的行为准则，从而使各级公共图书馆更加合法地开展活动，更加全面地满足用户的需要，同时，这些规定还可以帮助公共图书馆更好地组织资源及满足用户的需要，更加全面地保护用户的权益。

（4）技术措施

随着科技的进步，公共图书馆已经拥有了一整套完善的数字资源发现、版权保护、远程访问控制和读者信息管理系统，以确保用户权益得到充分的保护。

（5）社会教育

为了更好地为广大用户提供优质的阅读体验，公共图书馆必须积极推动自身的发展。公共图书馆必须认真负责地履行义务，为广大用户提供优质的阅读体验。公共图书馆应该积极推动各种形式的社会教育活动，让更多的人了解并支持公共图书馆事业。为了维护用户的合法权益，公共图书馆应该积极推动普及知识，加强对公共图书馆的管理，让每一位用户都能够充分地感受到公共图书馆的优势，并通过各种活动来提升他们的知晓程度，从而使他们能够充分地参与公共图书馆的建设。

3.用户培训

通过制定明确的规划、实施具体的措施和细致的程序，公共图书馆不仅能够满足社会大众的文化需求，而且能够充分发挥其在资源管理和服务扩张上的优势，实现其最大价值。

（1）培训的主要内容

①图书馆基础知识

通过培训，学员能够深入了解图书馆的全貌，掌握其中的资料、信息、技术，并熟悉其中的文献分类、查询方式、服务项目，从而有效提升学员的使用能力。

②图书馆资源与服务推介

介绍图书馆最新的资源和服务，使用户能从众多类型的资源和服务中迅速锁定自己所需要的类型。

③文献信息检索技能培训

综合性的培训帮助用户更好地掌握信息处理技能，并能在有限的时间内从众多的资源中获取有价值的信息。公共图书馆的目标是让用户能够更好地运用信息工具。

此外，还可根据用户需求举办计算机应用能力培训、外语培训等，以提升公共图书馆的社会影响力，培育潜在用户。

（2）培训的主要方式

①到馆培训

一是在专门的教室培训。现在，很多公共图书馆都有系统的用户培训计划，在固定的时间和地点进行。二是与公共图书馆日常工作相结合对用户进行辅导。这是公共图书馆参考咨询工作的重要方式。用户可以通过体验图书馆的服务，获得馆员的专业指导，并有效地解决遇到的各种问题。这种培训贯穿于公共图书馆服务工作的始终，可以强化用户的服务感受，提升用户满意度。

②用户所在机构的现场培训

针对某一机构的用户进行培训，可根据特点和需求设计课程，以形成培训讲师与用户的互动。

③远程培训

第一，通过各种媒体和网络进行培训。许多公共图书馆都会将面对面的学习与在线学习相结合，为读者提供更多的学习机会。这种学习模式包括两种：第一种，建立一个专业的在线学习平台，为读者提供实时的学习资源；第二种，利用在线学习软件，为读者搭建一个实时的学习环境，让读者可以随时随地获取知识和技能。通过远程培训，公共图书馆可以节省费用，提供更多的服务，并且这种方式更容易管理。第二，利用广播电视网络进行培训。广播电视网络是用户培训的新平台。国家图书馆和其他许多先进图书馆都拥有数字电视频道，可以通过 CATV 网络收看各种培训和教育节目，这样不仅经济实惠，而且方便快捷。

（三）用户满意度测评

用户满意度测评是衡量公共图书馆服务质量的关键因素。这一过程通常包括八个步骤：

1. 明确测评目的

在制定用户满意度测评方案之前，公共图书馆应该清楚地了解测评的目标，即评估其整体服务水平，以及针对特定服务措施的满意程度。

2. 确定测评对象

为了确保测评结果的准确性，应该精心挑选出能够满足特定要求的受试者。

3. 问卷设计

问卷设计是测评过程中至关重要的一步，它将直接影响测评结果的准确性，从而决定测评的成功与否。通常，问卷应该包含有关背景信息、填写说明、受访者的个人信息以及相关的测评问题等。

4. 确定抽样方法

任何测评都不可能涵盖所有目标群体，因此，通常会采用随机抽样的方法来确定受试者的身份。

5. 实施调查

通过多种方式，如面对面交流、电话和网络等，进行问卷调查。

6. 数据整理及分析

经过精心筛选，将回收的问卷按照不同的维度和指标进行分类汇总，并将其转换为图表形式，以便更好地展示数据。

7. 编制测评报告

对测评进行全面的统计分析，并将其背景、目标、指标设定、调查结果、数据处理、结果总结等内容整理成一份完整的报告。

8. 制定改进方案

详细分析通过测评发现的问题，并找出原因。制定一份具体、可行的改进方案来解决这些问题。

四、公共图书馆的核心业务

总的来说，公共图书馆的业务包括：一是收集和整理文献资源，二是提供用户服务。这两部分构成了公共图书馆的核心业务。

五、科学发挥公共图书馆的社会职能

（一）创新服务理念

为了让"用户第一、读者至上"的服务理念真正落地，公共图书馆必须把重点放在满足读者的需求上，并且在各项业务上精益求精，把握住每一次改进的机会，让"用户第一、读者至上"的服务体验达到最佳状态。

公共图书馆应当秉承"藏用紧密结合，以用为先"的宗旨，努力开发更加丰富的服务渠道，提供更加全面的信息服务；应该采取更加灵活的措施，如开办自助图书馆、建立数据库、推广虚拟技术、开办移动图书馆，并且实施馆内外的资源交换、文献传播，从而更好地帮助广大用户获取有价值的知识。公共图书馆应该从依赖传统的、静止的服务模式，转向提供更加积极的、活跃的服务。

（二）注重资源建设

为了更好地服务于广大群众，公共图书馆应该大力发展数字化资源，通过精减传统的文献形式，提供更富魅力的、更具创造性的、更具操作性的、更可视化的文献，以满足不同用户的阅读需求。为了更好地利用馆藏，更迎合读者的个人喜好，公共图书馆应该加强对信息资源的研究和利用。应该根据馆藏和读者的需求，精心挑选一些富有代表性的主题，然后制作一个包含所有主题的、完整的、细致的专属数据库。公共图书馆还应该主动参与到公共数字文化服务体系中来，促进数字文化资源的分享和使用。通过各种形式，例如电视节目、展会和互联网社区，公共图书馆能够为群众提供更好的数字文化服务，满足他们对于丰富的文化生活的渴望。

（三）拓展服务

为了更加全面地为广大群众提供优质的阅览体验，公共图书馆可以采取多种措施，包括运用先进的 IT 技术，比如使用馆藏目录查询、文献传输、个性化的图书馆管理、信息导览、在线咨询、电子邮件、社交平台、微博、微信，以及其他社交媒体等。为了更好地提供优质的信息服务，公共图书馆需要努力实现数字化、自动化和个性化。此外，公共图书馆也需要建立一些特殊的区域，如演讲室和展示室，以便为用户提供更丰富的阅读体验。还可以组织各类文化和教育活动，如举办讲座、参观实体图书馆、参观美术博物馆、欣赏音乐、接受各类课程培训。通过参与各种文化交流和学习，人们可以拥有更丰富多彩的体验，这样的服务具有巨大的社会意义。

（四）完善文化休闲职能

随着时代的发展，公共图书馆的文化休闲作用日趋突出，为了更好地满足用户的需求，公共图书馆应该努力打造一个温馨、宁静的文化空间，并且不断推陈出新，开展更为丰富的文化活动，使得用户有机会体验到更为丰富的阅读乐趣。为了提升社会效益，公共图书馆应该根据其特点和能力，建立各种类型的文化场所，如学术报告厅、电影厅、博物馆等，这些场馆能够让读者在轻松愉快的氛围中获得知识和技能。此外，如果条件允许，公共图书馆也可以设立咖啡屋、书店、茶楼、健身中心或其他休闲场所，为人们提供更多服务。

在社会主义建设的新时期，公共图书馆应该清楚地认识到自身的社会责任，并采取有效的方法和措施来充分发挥自身的社会作用，以提高国民的素质。

第三节　公共图书馆的服务

服务是公共图书馆赖以生存和发展的基础。公共图书馆服务是指公共图书馆面向读者提供文献与信息并开展各种活动的一个体系，包括工作内容、工作方法和实践经验等。在概念上，公共图书馆服务以前被称为读者工作或读者服务，随着服务功能的增加和范畴的不断扩大，发展为"图书馆服务"。

一、公共图书馆的服务理念

提供卓越的服务意识和思想，是公共图书馆为读者提供的最佳阅读体验和最有价值的信息。公共图书馆服务理念一直在不断发展与完善。

（一）国际图书馆服务理念

1. 约翰·杜威的"图书馆三最原则"

美国教育学家约翰·杜威博士认为，以最低的成本，以最好的书刊为最多的读者服务。

2. 阮冈纳赞的"图书馆学五定律"

阮冈纳赞被公认为印度和国际图书馆界的杰出人物，他的《图书馆学五定律》深受全世界读者的喜爱，该书提出了一系列关于图书馆学的重要原则，为图书馆学的发展做出了重大贡献。

其中，第一定律"书是为了用的"提供了一个重要的理论框架，它清晰地阐述了图书馆的本质、职责及其工作的宗旨。图书馆不仅仅要收藏和保存图书，更重要的是，它应该为读者提供有效的服务。

第二定律为"每位读者有其书"。该定律强调要把图书馆的大门向一切人敞开，让每个人都享有利用图书馆的平等权利。

第三定律为"每本书有其读者"。第三定律要求为每本书找到其合适的读者。为了更好地服务于广大读者，图书馆应该定期招募一批专业的阅览顾问，帮助读者查阅相关资料，并且提供专业的阅览建议。

"节省读者的时间"是该书提出的第四定律。通过节省读者的时间可以增加社会财富。与传统的闭架借阅方式相比，开架借阅能够让读者更快地找到想要的图书，而不必花费大量的时间去排队。第四定律提倡采取多种措施，如科学安排借阅区域、精心编排目录、提供参考资料和服务、建立出纳系统、精心挑选馆址等，以最大限度地节省读者的时间。

"图书馆是一个生长着的有机体"为第五定律，作为一种机构的图书馆就是一个生长着的有机体，图书馆还是由藏书、读者和馆员三个生长着的有机部分构成的结合体。

这五大定律在当时被广泛认可，它们的核心思想至今仍然对图书馆的运营产生了积极的影响。

3.《公共图书馆宣言》提出"平等免费服务"

联合国教科文组织的《公共图书馆宣言》经过了两次改动，其主题涵盖了理念、内容、目标、政策、联系、执行等方面，其中最核心的一点就是对公共图书馆的服务宗旨的阐释。公共图书馆是一种极具价值的信息来源，它不仅能够满足个人的学习需求，还能够帮助他们做出明智的选择，促进他们全面成长。

（二）国内图书馆服务理念的形成与完善

1. 在"新图书馆运动"时期，图书馆学家们致力于提供优质的服务

"新图书馆运动"是一场跨越国界的图书馆宣传活动，由中国图书馆学家沈祖荣先生发起，历经十年的努力，为中国图书馆的发展做出了巨大贡献。它不仅为国内图书馆的建设提供了重要的参考，而且为图书馆的藏书分类、图书馆管理提供了科学的指导，为图书馆的发展带来了积极的影响。

2. 新中国的图书馆服务理念

20世纪80年代末至90年代，在"为工农兵服务、为科学研究服务"的政策指引下，公共图书馆大力推行免费服务，而"以文养文""以文补文""文化搭台、经济唱戏"则引领着全国各地的公共图书馆走向更加开放的有偿服务模式。

随着21世纪的到来，公共图书馆的理论研究和实践取得了重大突破，各级政府也开始重视公益文化，并将先进的理念融入公共图书馆的服务。

（1）《中国图书馆员职业道德准则》

中国图书馆学会发布《中国图书馆员职业道德准则》，以此来规范馆员的工作，指导馆内的管理和运营，提高馆内的工作效率和质量，促进馆内

的学术研究和交流，提升馆内的信息化水平，为广大的读者提供优质的阅览体验。

（2）《图书馆服务宣言》

中国图书馆学会发表了《图书馆服务宣言》，以此来推动图书馆服务的发展。

通过不断的探索和实践，中国公共图书馆已建立起一套全民共享的、公正的、客观的、以人民为核心的宗旨，包括：①建设一个充满活力的、包容的、可继续蓬勃发展的图书馆。②我们致力于为所有的读者提供平等的服务。③我们致力于通过服务和管理来表达我们的人性化。④我们致力于为所有的用户提供优秀、有用且专业的服务。⑤我们致力于建立信息资源共享平台，并致力于推动公众的阅读。⑥我们愿意与所有热爱图书馆资源的机构和个人建立友好的联系。

（3）《公共图书馆服务规范》

根据最新的法律法规，中华人民共和国国家质量监督检验检疫总局和全国图书馆标准化技术委员会制定并发布了《公共图书馆服务规范》，对公共图书馆的服务提出了规范的、详细的、具体的要求。

（4）《中华人民共和国公共图书馆法》

《中华人民共和国公共图书馆法》第四章规定，公共图书馆应当按照平等、开放、共享的要求向社会公众提供服务。公共图书馆应当免费向社会公众提供下列服务：①文献信息查询、借阅；②阅览室、自习室等公共空间设施场地开放；③公益性讲座、阅读推广、培训、展览；④国家规定的其他免费服务项目。

我国公共图书馆的服务工作体现出的理念归纳为以下几种：以人为本的服务理念、资源共享的服务理念、普遍平等的服务理念、免费开放的服务理念、无障碍的服务理念、重视新技术的服务理念。

（三）国内公共图书馆的服务理念

1. 以人为本的服务理念

秉承以人为本的服务理念，公共图书馆将把满足读者的期望放在首位，将其视为所有活动的核心和成功的关键。目前，该理念已经被全面推行，并取得了良好的效果。

图书馆的服务活动应该全面考虑读者的需求。许多公共图书馆延长开放时间，开通了24小时借还书、自助借还等多种服务渠道。一些图书馆利用先进的技术手段实行了方便读者的服务措施，如开展"你选书、我买单"图书推荐购买服务活动。

以满足用户需求为核心，许多公共图书馆积极推出公益讲座活动，以满足民众的需求，并建立起自己的品牌形象。在开展讲座的同时，很多公共图书馆利用多种形式，围绕提高信息素养、知识水平、实用技能等开展了内容丰富的读者培训，同时开展了图书推荐、经典研读等各类人性化服务。

通过提供专业的支持，公共图书馆可以帮助那些贫穷、无法获得必要资源的弱势群体。这些群体的身份、经济条件、文化背景等都可以作为公共图书馆的重要参考。公共图书馆应该为所有弱势群体，包括但不限于儿童、老人、失业者、无家可归者、自然灾害的受害者、进城务工人员、无法获得稳定收入的农民和其他社会边缘人员，提供有效的支持和帮扶。

2. 资源共享的服务理念

为了更好地服务于读者，公共图书馆鼓励所有人参与阅读，并且积极推进读者的权益保障。公共图书馆将积极探索新的、公正的、公平的交流模式，并努力实现阅读的信息资源共享。公共图书馆要提高服务质量，为用户带来更好的咨询服务。

随着现代互联网技术的发展，公共图书馆的资源共享已经成为一种不可逆转的趋势，它不仅可以提升图书馆的服务水平，而且可以满足社会对信息的需求。近年来，我国的图书馆资源共享工作取得了显著的成效，推出了一系列的数字图书馆推广计划、图书馆讲座联盟、图书馆联合参考咨询联盟等，以期更好地服务读者。许多大中城市建立了覆盖市、县、乡、村的公共图书馆服务网络，使得区域内的资源得到有效整合，业务水平也得到有效提升，实现了一馆办证、多馆借阅、多馆归还的便捷服务。

3. 普遍平等的服务理念

公共图书馆致力于为所有人提供公平的服务，通过建立多层次的图书馆体系，确保所有人都能平等地获得公共图书馆服务。

通俗地说就是公共图书馆将业务触点深入基层，所有人只要靠近就可以享受公共图书馆的便利。平等使用信息资源是国民基本权利与图书馆员的基本义务，不得对任何人产生歧视，这就是公共图书馆普遍平等理念的通俗性表达方式。

4. 免费开放的服务理念

免费开放是实现公共图书馆普遍平等服务的基本保障。世界上第一个公共图书馆——曼彻斯特公共图书馆从诞生之初就明确了免费开放的理念，而中国公共图书馆的免费开放经历了漫长的过程。20世纪八九十年代，国家开展"以文补文"活动。到了21世纪，公共图书馆免费开放的思想迅速普及，因此，各级各类的公立图书馆都采取了零门槛、零成本的方式，为广大群众带来优质的文化资源和完善的基础服务，使其能够享受更加便捷的社会福利。《中华人民共和国公共图书馆法》的颁布实施为公共图书馆的免费开放提供了强大的法律支持。

5. 无障碍的服务理念

"无障碍"意味着为那些急需帮助的人提供帮助，比如残疾人，或者那些没有办法使用现有工具的人。为了满足不同需求，公共图书馆要积极提供符合读者需求的文献信息、无障碍设施设备和咨询服务等。在建造公共图书馆时，要重视老年人和残疾人的需求。

近几年，我国公共图书馆运用信息化手段等多元化方式向有需求者提供无障碍服务已经有了很大进展。

6.重视新技术的服务理念

公共图书馆是信息技术发展的灵敏反应区。我国鼓励搭建规范一致、互联互通的公共图书馆数字服务网络系统，支持数码读物产品和资源存储研究，推进公共图书馆运用数字化、互联网信息技术为公众提供便利公共服务。政府部门设置的公共图书馆应该进行资源工程建设，配置相关的设施，搭建线上线下结合的文献信息共享平台，为公众提供优质的服务。

二、公共图书馆的服务内容

（一）公共图书馆服务划分

1.从服务功能上划分

公共图书馆作为社会文化的重要载体，其服务功能的划分旨在满足不同读者的多样化需求。从服务功能的角度来看，公共图书馆的服务内容十分丰富且多元化。

公共图书馆的基础服务是提供图书借阅和外借，确保读者能够便捷地获取到所需的书籍资料。同时，公共图书馆还建立了完善的文献资源查询系统，读者可以通过关键词、作者、主题等多种方式快速检索到所需信息。

除了基础服务外，公共图书馆还致力于提供信息服务。这包括为读者提供最新的图书推荐、专业领域的学术动态和前沿研究成果。图书馆的工作人员还会定期举办各类讲座和报告会，邀请专家学者分享他们的研究成果和学术见解，为读者提供深入学习和交流的机会。

　　此外，公共图书馆还承担着教育服务的重任。公共图书馆不仅提供丰富的教育类图书和资料，还针对不同年龄段的读者开展各类阅读推广活动。例如，为儿童设立专门的儿童阅览区，提供适合他们年龄段的绘本和图书；为青少年举办读书分享会和知识竞赛，激发他们的阅读兴趣和学习热情。这些活动旨在培养读者的阅读习惯和终身学习的能力。

　　另外，公共图书馆还关注特殊群体的需求，为残障人士提供辅助阅读设备和服务，如大字本、盲文图书和有声图书等，确保他们能够平等地享受阅读的乐趣。公共图书馆还设有专门的安静区域和休息区，为需要安静环境的读者提供舒适的学习空间。

　　综上所述，公共图书馆的服务功能十分丰富，涵盖了基础服务、信息服务、教育服务和特殊群体服务等多个方面。这些服务旨在满足不同读者的多样化需求，为读者提供全面、便捷、个性化的阅读体验。

　　2. 从内容上划分

　　公共图书馆的服务在内容上不仅涵盖传统的文献服务，如借阅、新书通报、导读等，还包括利用计算机和通信技术提供，如联机书目查询、公共目录查询系统、虚拟信息咨询等服务，使得人们能够更加便捷地获取信息。

　　3. 从形式上划分

　　公共图书馆的服务从形式上可以划分为基本服务和高级服务。基本服务包括流通、阅览、导读、复制、检索、咨询、信息素养培训等；而高级服务则更进一步,是更加全面、专业的服务,如提供专业的咨询、课题策划、翻译、新闻发布、学术培训和机构知识库管理等服务。

4. 从服务空间上划分

从服务空间的角度来说,公共图书馆服务可以分为实体馆内服务和虚拟馆外服务两种。实体馆内服务以建筑物为特征,提供传统的阅读体验;而虚拟馆外服务则通过计算机网络、智能手机、多媒体等技术提供更加便捷的服务。

(二)文献借阅服务

文献借阅包括文献外借和阅览两方面的服务。

1. 文献外借服务

文献外借是各级公共图书馆的传统服务之一。从最初的手工借还到今天的自助借还,服务手段、服务内容和服务形式不断丰富,对从业人员的专业素质要求也越来越高。

(1)文献外借的形式

文献外借有多种方法,包括单独出租、团队出租、馆内交换、预订出版、快递出版和移植出版。

"馆际互借"是基于馆际之间资源共享而提供的一种服务方式,旨在帮助两个公共图书馆共享其内部资源,从而更好地服务于读者。它的目的在于提高两个公共图书馆的交流和合作,并为读者提供更全面的信息服务。

（2）文献外借的内容

主要包括办理借书证、文献外借、文献续借、文献催还及相关工作。

2.文献阅览服务

文献阅览业务属于公共图书馆为读者提供的基础业务项目，是指公共图书馆向读者提供书籍、报纸、数据等阅览业务。这类业务又被划分成馆藏类和馆外类。

3.借阅服务发展的保障

（1）加强基础设施建设

基础设施为馆内借阅服务能够平稳运行提供保障。建设基础性设施，一是要求必须加大基本软硬件的投入，确保给读者提供舒适的阅读场所，比如设立休憩场所、学习场所，提升读者阅读体验；二是给读者提供更便利的设备设施，如阅览桌椅、饮水机、打印机、存包柜等；三是增加网建投资，比如增加有线网络端口供应和无线网的构建。

（2）拓展传统服务

除了传统的借阅外，公共图书馆为了满足读者的阅读需求，还应拓展其功能性的服务，为读者提供检索、导读等服务。为方便读者搜索，公共图书馆一般会配备馆内专用的读者搜索计算机，方便读者使用公共目录查询系统搜寻馆藏资源；还要求在馆内设立引导岗，协助读者阅读文学作品。公共图书馆应在馆内设置导读岗，明确专人承担导读任务，辅助读者阅读文献。

（3）重视新技术应用

充分利用现代信息技术为读者提供自助服务是近年来公共图书馆服务发展的特点之一。相当一部分公共图书馆引入了射频识别技术，实现了自助办证、自助借还等智能化服务；部分城市建立了24小时无人值守的自助公共图书馆，大大方便了读者阅读。

（三）参考咨询服务

参考咨询服务属于公共图书馆服务的中心业务之一，即工作人员根据读者查找馆内信息资源时提出的问题，以职业化手段提供辅助服务。

公共图书馆的参考咨询服务强调面向全体读者，针对其需求提供信息、资料或者解决方案。

1.公共图书馆咨询服务的类型

（1）普通咨询服务

包括向导性咨询和辅导性咨询。针对读者提出的馆藏方位和服务区域方位等咨询问题给予向导性解答，并对读者的一般需求进行辅导，帮其更全面地掌握使用公共图书馆的方法。

（2）政府决策咨询服务

政府部门设置的公共图书馆可以依据各自要求，为其他机构制定法律、法规、政策措施和进行国家有关重大问题科学研究，提供国内外文献资讯和相应咨询服务。支持地方政府部门的咨询，包括立法性的咨询、政治性的咨询、经济性的咨询和其他咨询。

立法决策服务旨在为用户提供全面的、有效的立法决策支持，其中包括提供专业的参考咨询服务，协助用户进行立法决策，收集、整理和分析相关文献资料，以满足用户的需求。

（3）面向科研机构与企业的咨询服务

科研机构与企业之间存在显著的差异，因此，咨询服务的提供方式和提供的资源等方面也有所不同。

科研机构的咨询需求是由多种因素决定的，包括学科研究、技术活动和知识创新。为了满足这些需求，公共图书馆应该提供高质量的、具有科技含量的、能够促进科研创新的咨询服务。科研机构的咨询服务涵盖了五大类：事实性知识、专业性问题、信息收集、文献追踪以及综合性报告撰写。

企业也面临着多种复杂的信息需求，包括但不限于能够帮助其把握正确的商机的重要资讯。因此，公共图书馆在为企业提供咨询服务时，应根据企业的实际情况，结合其资源状况，制定出能够满足其实际需求、帮助其把握商机的、推动其可持续发展的有效咨询方案。

2.公共图书馆咨询服务的形式

传统咨询包括电话咨询和到馆咨询，如今网络咨询则更受欢迎。网络咨询包括信息推送、虚拟咨询等。

3.公共图书馆咨询工作的流程

受理咨询：口头、书面、电话、信函、网络等。

文献（信息）检索：查找文献（信息）。

建立咨询档案：记录读者信息、咨询内容手段、解答方式、读者反馈意见等。

（四）流动服务

"流动"图书馆向那些无法前往公共图书馆的人提供阅览资源。这种方法被广泛认可，并被用于扩大公共图书馆的影响范围。它可以通过各种途径实现，如"汽车"图书馆。北欧国家的许多海上图书馆都为本地居民提供了丰富的文化资源，中国的汽车图书馆则是从上海和北京发展起来的。

（五）政府信息公开服务

政府信息的收集和传播需要遵守严格的规范，因此，每个地方的政府都有义务建立和完善有效的数据库，包括但不限于：建立专门的数据库，配备先进的数据采集系统，建立完善的数据分析和管理系统，实现数据的有效传输和及时反馈。

公共图书馆提供政府信息公开服务，首先要设立政府信息查阅中心，在此基础上提供政府信息公开服务，并不断深化服务内容，提供个性化政府信息服务，拓展服务途径。与此同时，政务信息公开化服务应该以政务信息的可公开性作为主导，并且与相关政府部门及领导层紧密协作，充分收集公共信息，加入布告牌、显示屏、电子查询点等配套设备，以便于读者的借阅。

（六）面向特殊群体的服务

公共图书馆应开辟青少年读物空间，按照青少年的特征配置相关的读物，举办面向青少年的读书引导和社会实践活动，并为中小学校开设相关课外教学活动提供技术支持。有条件的地方应该另外设置少年儿童图书馆。

公共图书馆对老年人、残障人士的服务应体现人文关怀，在设施设备配置上要充分考虑他们的身体特点和需求，除提供普通的借阅服务外，要根据他们的特点开展导读、培训等活动。公共图书馆要根据外来务工人员的需要提供读书服务与信息服务，举办以岗位实习及提升技能为中心的培训，提升外来务工人员子女的文化素质。

三、公共图书馆服务模式和技术创新的意义与价值观

（一）服务模式和技术创新为公共图书馆职能发挥提供途径

在哲学和管理学的范围内，目的性、可行性以及有效的实施方法之间有着密不可分的关系，它们共同形成了实现某种目的的有效途径。若想成功渡江，必须建造一座可靠的桥梁。而要改善阅览环境、提升阅览体验，则需要对公共图书馆的服务模式和技术进行创新。

（二）改进的服务模式与技术，对于构建完善的公共文化服务体系至关重要

公共图书馆需要不断地改革工作流程，提高服务效率，为社会带来更多的便利。一个好的公共图书馆应该具备完善的基础设施，并且提供高质量的服务，为构建完善的公共文化体系做出重要贡献。

四、改进公共图书馆的服务方式和手段

公共图书馆的服务方式和手段多种多样、各具特色，改进公共图书馆的服务方式和手段是公共图书馆工作的重点。

（一）重新设计分馆结构，建立完善的服务网络

过去的公共图书馆存在着严重的问题，它们被分配到了不同的管理机构，彼此独立，缺乏协作，缺乏信息交流，导致读者在各个机构之间折返，有困难而得不到任何解决。努力实现全国范围内的通借通还，构建起由街、区、社会组成的多层次的公共图书馆服务网络，其中，各个层次的图书馆均设有主要负责人，各自负责财政、物资、技术等，同时，还要求各级的图书馆都要按照规定进行财政拨付、物资采购、编目、设备配备和管理。

1. 在总馆建设方面

（1）精心设计，营造舒适的读书环境

通过改变书籍的摆放顺序，让读者在进入公共图书馆后感到舒适。要让每个人都有舒适的座椅，让他们能够舒适、愉快地阅读。

（2）将传统的文献与现代的数字化技术相结合

通过实施无限制的 LAN 访问和统一的认证登录方式，读者可以享受免费的上网和下载服务。

（3）实现通借通还

采用先进的公共图书馆集群管理技术，构筑区域性的数字化图书馆，并将其作为基础，提供全面的信息服务。这样，无论在哪个公共图书馆，

用户都能够轻松访问到相同的信息，并能够快速进行交换，从而达到传播与交换信息的目的。

2. 在分馆建设方面

（1）社区分馆与主题分馆相结合

为了提升馆藏质量，应在特定人群聚集的区域建立专门的图书馆，比如老年馆、儿童馆、书画馆、艺术馆和设计馆等。

（2）基本馆藏与特色馆藏相结合

每个分馆都拥有独一无二的收藏品，这些收藏品既能够满足大多数读者的阅读需求，也能够针对不同的地域、居民的需求，提供丰富多彩的内容，包括旅行、烹饪、运动、绘画、法律、公共服务、文化、教育、环境、心理学、心理咨询等。为了满足广大群众的阅读需求，还应在不同的地方，包括城市、乡村、学校、企业，组织多种形式的阅读活动。

3. 精心设计，塑造品牌

为了提升品牌形象，公共图书馆可以邀请专业设计师来设计独特的标志、海报图案和大型背景板。可以拍摄宣传视频，将其放到图书馆的网站、公众号上供读者观看，也可以将活动快速记录整理成文字，并将其汇编成册放在馆内，方便读者查阅。

4. 开展特色服务，普惠与特惠相结合

（1）延时服务

根据国家最新的政策，各级图书馆的服务时限都得到了大幅度的增加。

其中，区域性的图书馆的服务时限从 64 个工作日增加到了 72 个工作日，街道级的图书馆的服务时限则从 30 个工作日增加到了 60 个工作日，社区级的图书馆则从 36 个工作日增加到了 54 个工作日。

（2）错时休息

为了满足广大群众的阅读需求，可以将不同的公共图书馆的开放日期进行调整。例如，在城镇的一些特定的街道上设立一些独立的公共图书馆，并在工作日里向公众提供借阅服务。

（3）错峰开馆

为了确保每周及时有效地向读者提供公共服务，公共图书馆应根据社区居民和读者的职业特征和生活习惯，合理安排开放时间，以便让读者在最需要的时候获得最大的便利。

（二）信息化技术服务

1. 短信服务

通过使用智能手机，公共图书馆可以在读者的借出日期结束后，发信息询问读者是否需要继续使用，还可以通过短信给读者分享公益演出和电影放映等相关资讯。

2. 数字图书进网吧

通过签署协议，公共图书馆将数字图书馆的服务扩展到馆内所有的电脑，让读者能够无障碍地使用数字图书馆的电子书籍和资源。

（三）针对特殊人群的服务

1. "四点钟学校"

一些城市的小学放学时间为下午四点钟，而学生家长的下班时间则比这个时间要晚一到两个小时。为了保证孩子在此期间的安全，并且有效利用这个时间段，"四点钟学校"陆续成立，为孩子提供课后看管和辅导。

一些城市的公共图书馆也响应这一号召，从下午四点钟开始，为附近的孩子提供阅读和学习的机会，并为他们提供额外的帮助。

2. 关爱服务

为了提高残疾人和老年人的生活质量，应建立专门的公共图书馆，不断推出最新的盲文图书和老年人读物，以满足他们的阅读需求。

3. 企业服务点

为了更好地为企业员工提供便利，应在企业所在社区内建立小型的公共图书馆，为企业员工提供良好的环境，并为他们提供专门的培训。

4. 企业流动书架

企业可以在社区图书馆办理集体借书证，建立企业流动书架。

5. 流动服务

公共图书馆应通过流动站等形式，将文献外借服务和其他图书馆服务向社区、村镇等延伸，定期开展巡回流动服务。

第二章 公共图书馆资源建设与阅读推广的关系

第一节 公共图书馆资源建设与阅读推广的意义

一、有效改善大众的阅读体验

随着科技的发展，数字化日益普及，它不仅能帮助人们更好地理解世界，而且能够改变人们的日常生活。因此，公共图书馆应该加强对数字化资料的收集，以便更好地满足读者的阅览需要。与传统的纸质文件资料有所不同，现代的数字化资料涵盖了更加多样的领域，如电子产品书籍、电子产品杂志、数据库系统等。通过采用先进的技术和方法，公共图书馆已经能够创造出一个具有完整架构的数字资源库，这个库由一组精确的、符合规范的元数据组成，能够跨越时空的界限，为用户带来更加方便快捷的阅览感受，极大改善用户的阅览体验，并且极大地增强用户的阅览满足感。随着数字媒体的发展，公共图书馆正在充分发挥其在数字阅读方面的优势，通过多种方式，如文字、语音、视频，向读者提供多姿多彩的服务，以及充满趣味的互动活动，从而让每一位读者都能更轻松、快速地掌握知识，并能根据自己的喜好，收获独特的、有趣的、美妙的阅读体验。

二、推动图书馆事业的进一步发展

现今社会，读者的需求日益增长，因此，数据库的建立和使用已被列入了公共图书馆的考核指标，作为衡量其发展状况的重要因素。通过强调数字资源的重要性，公共图书馆能够更好地利用它们，从而填补传统的信息资源空白。例如，公共图书馆可以开发出具有本土风格的数据库，并将传统的古典资料进行数字化。此外，通过使用分布式资源管理系统，公共图书馆能够更好地管理各种资源，并且更有效地保存、传递和使用这些信息。改革和优化公共图书馆的数据库结构，将为促进该领域的发展提供重要支持。

三、实现公共阅读资源的科学利用

为了更好地满足读者的需求，公共图书馆应该加强与他们的沟通，及时发现并整理他们的阅读偏好，以便更加全面地向他们提供优秀的文化内容。此外，还可以通过开发更多的公众文化资源，促进文化的广泛传播，并最大限度地发挥其价值。

第二节 公共图书馆资源建设与阅读推广服务性质

由于技术的发展，互联网知识产权业务正在朝着更加个性、更加自由、更加灵活、更加智慧、更加透明、更加便捷的方向发展。而且，它的运作、分发以及使用都在不断地变得更加规范、更加高效、更加便捷。伴随数字化、互联网、大规模应用及集成应用的发展，互联网知识服务的显著优势表现在以下几方面：

一、专为智能化和个性化需求而提供的知识服务

通过将传感网、云计算、可靠计算以及信息物理融合系统结合在一起，构建的大数据知识服务模型旨在将用户、技术、管理、知识、能力、资源以及流程紧密结合，从而使其在整个使用生命周期内得到最优化的利用。

二、灵活多变的服务

通过利用大数据生态系统中的技术和方法，为用户提供多种可行的大数据知识服务，以满足其需求。用户可以在大数据知识服务平台上提出自己的需求，馆方根据这些需求构建相应的服务组合模型，以及制定有效的实施方案，从而使用户获得更好的服务效果。

三、强调用户参与的知识服务

大数据是一种新型的技术，公共图书馆不仅可以利用网络和大数据获

取数据，还可以从用户身上获取信息，这使得大数据知识服务的重点更集中在满足用户的需求上。随着大数据知识服务模式的发展，用户参与的内容已经不只是传统的表达需求和评价服务，它已经深入到整个服务流程以及大数据的全生命周期管理中。

四、能够满足用户需求的服务

随着科技的进步，互联网知识服务已经成为一种基于客户需求的、可供客户自愿购买的全新商业服务。客户可以从浩瀚的非结构化和半结构化数据中获取有价值的信息，从而更好地预测未来的趋势，并采取有效的措施来推进自身的发展。利用大数据技术，用户无须太多地考虑如何进行精确的分析，而仅仅依靠利用其所拥有的信息和知识，就能够获得所需的信息和服务，从而实现双赢。

五、一个完整的体系

这种知识服务模式将共同的技术目标与不同的技术特点结合起来，形成了一个完整的体系。利用先进的技术，公共图书馆可以在第三方服务平台上，收集、整理、编辑、评估以及做出决定，实现对相关信息的全面掌握，并以此形式形成完整的信息库，以便更好地支持企业的发展。在不同的行业、领域以及相关的应用场景中，大数据的收集、整合、运用、评估与决策的过程具备一定的相似之处，但是仍会出现差异。为了满足不同的差异化需求，公共图书馆应该建立一套完善的、具备更高水平的、能够满足各种应用场景的大数据差异性技术体系，以满足各种复杂的需求。

六、依靠共享知识、能力、资源和流程来实现

事实上，大数据技术并没有真正开发我们的智慧，也没有真正改变我们的思维方式。我们需要重新思考我们的工作方法，并寻找更好的问题解决方案。通过建立完善的信息系统，公共图书馆可以有效地收集、整理、管理、评估、处理、运用大量的信息，从而使得各方的智慧、技术、资源等得到充分的利用。

七、基于群体创新的知识服务模式

通过互联网知识服务，公共图书馆可以更好地管理、分析各种复杂的数据，从而提取宝贵的信息，并利用群体创新的力量，建立起一个高效的网络，为科学研究和教育发展提供强有力的支撑。

第三节　图书馆数字资源建设与阅读推广中存在的问题

一、重复采购的资源缺乏有效的导入，无法实现真正的价值最大化

一方面，当今数字资源条件下的市场数据库供应商数量非常多，这些供应商在提供各类数据资源的时候很容易出现内容的交叉或重复现象。很多公共图书馆在开展数字资源采购工作时，不注重统一规划，这也是导致资源重复采购问题的原因之一。另一方面，大部分公共图书馆在购买数字资源的时候都是直接购入一个完整的数据库体系，这一体系中涵盖了多种多样的学术论文数据库、学科导航库等自建资源库，但由于开发商本身的原因，各领域专题研究库以及特色资源库的构建仍然存在很多问题。

二、数字资源建设资金有限，缺乏完善的保障体系

数字资源建设对许多公共图书馆来说，是一项艰巨的任务，需要巨额的资金支持。然而，目前，许多二三线城市的公共图书馆资金仍然相当紧张，从而使得建设过程受阻，甚至出现了资金短缺的情况，影响了数字资源建设的速度和质量。

三、数字资源宣传力度有待提高加大

大多数公共图书馆更加关注数字资源的收藏，而忽略了对它们的有效利用。由于缺乏及时的宣传和推广，许多读者对公共图书馆提供的数字资源缺乏认知，从而影响了他们的阅读体验。尽管许多公共图书馆都提供电子阅览服务，但由于缺乏数字资源导读推荐，许多读者仍然仅将这种图书馆视为一个能上网的场所，而忽略了馆中其他更有价值的信息。

四、面临的挑战

随着互联网和科技的快速发展，中国正在迈向信息时代。多媒体技术已经使得网络传播的内容变得越来越丰富，人们越来越倾向于使用电子设备获取信息。随着时代的发展，近年来，越来越多的人开始放弃阅读，政府和社会各界都意识到了这个问题，开始加强对阅读的支持。然而，要真正解决这个问题，就必须改进传统的公共图书馆管理方法，并开发全新的阅读方法。这样，才能为促进全民健康发展打下坚实的基础。

五、缺少丰富的交互资源，资源形式单一，读者满意度低

现阶段，在我国图书馆资源建设与服务发展过程中，首要问题为交互形式过于单一。图书馆自身与读者之间没有形成良好互动，图书馆往往处于被动服务地位，读者在资源获取过程面临很大困难。互动功能的基本要求就是可以互动交流，这需要公共图书馆针对当前社会特征，以公共图书

馆各项资源数据库为基础，全面发展交互式网站，并针对性地设计更为美观合理的前端页面。此外，交互式网站的后端逻辑层面，也要注重实际功能的有效性，注重对各类后台语言的有效运用，注重各项功能的实现效率，并结合读者在资源获取过程中所表现出的特点与需求，对相关功能进行有效调整与优化。

第三章　公共图书馆的网络文化建设

第一节　网络文化的特征

网络文化可以被视为一种多元化的文化形式，它既具有开放的特点，又具有虚拟的特点。从不同角度来看，网络文化有很多特征，它们都具有独特的性质，可以明显地展现出网络文化的精髓。

一、网络文化的技术特征

随着科学技术的发展，互联网已变成当今社会不可缺少的一部分。它不断拓宽人类的视野，丰富人类的社交媒体，激发人类的创造力，从而形成了独具特色的网络文化。通过对技术的深入分析发现，网络文化的核心特点在于它的虚拟性、交流性、可分享性和及时响应能力。

随着科技的发展，一些传统的社交媒介逐渐消失，取而代之的是充满活力的互联网环境。这种环境让我们可以自由地探索自己的身份，更好地把握自己的情感，更好地把握自己的思维，从而更好地满足自己的需求。

互联网已经成为当今社会的重要组成部分，它的核心价值之一便是它的交互性。它使得用户可以通过多种不同的手段来获取、分享信息，并进行反馈、评论等，从而极大地提高了社会运转效率。目前，互联网的交互性功能已经发挥到了极致，它以其全新的、广泛的、深入的影响力，改变了传统的社会关系模式。在这种新的模式下，每位用户既可以获取信息，也可以提供信息。

通过互联网，人们可以轻松地获取到各种各样的信息和资源，这也成为当今社会的一个显著标志。而且，互联网的可扩展性，可以让不同的人群以不同的方式访问相似的信息，从而有效地满足不断变化的社会发展需求，有效地节省人工成本，提升社会的整体效率。

如今，互联网使信息的传播超越了时间和空间的限制，使得信息的收集、资料的查询变得更加便捷、高效。互联网不仅可以实时传输文字、声音、图像、视频，还省略了印刷、运输、发行等多个步骤，能迅速将信息发送到每一个角落，让用户能够随时随地获取所需的信息。

二、网络文化的精神特征

由于科技的发展，开放性已经变成当今社会的一个重要特征。网络使得每个人都能够轻松、便捷地访问、分享、讨论信息。不同的价值取向、理念和传统文化在网络中得以完美融合，让每个人无论身在何处，无论身份如何，都能够展示出独特的个体风貌。

随着互联网的发展，信息的传播变得更加便捷，使得信息的种类、丰富度以及可视度都得到极大的提升。网络作为一个全球化的信息交流平台，

极大地促进了文化资讯的传播和获取。从种族、社会地域、历史背景到社

会经济状况等各个方面，网络都为人们提供了更丰富的文化资讯。同时，

这些资讯的传递还可以根据人们的个体差异、情感偏好等特点进行定制，

使信息获取更加个性化和精准化。

第二节　网络环境下公共图书馆文化的内涵

21 世纪是一个充满活力的新纪元，更是一个充满机遇和挑战的新纪元。公共图书馆的功能和服务走上了新的台阶，它将承载起丰富的历史文化，并且将迎来从传统图书馆到充满活力的现代公共图书馆的转变。随着互联网的普及，它给我们的生活、工作以及生活都带来了巨大的变化。同时，它还给公共图书馆的文化事业提供了巨大的帮助。

一、网络环境下公共图书馆文化与传统的差异

20 世纪 60 年代，美国开始将网络技术引入公共图书馆，旨在让读者自由访问、交流、分析、交换信息，使公共图书馆可以更加便捷、有效地传播信息，更好地满足读者的需求，这一创新性思路迅速得到读者的普遍认可。随着科技的进步，许多发达国家的公共图书馆及其他文献信息服务机构都开始大力推进数字化转型，使自身能够更加全面、更加有效地为读者提供更多的数据及其他有价值的内容。

近几十年来，中国的公共图书馆及其他相关的文化信息服务机构不断发展，并依托于现代化技术，完成了全面的互联网数字化。目前，中国的大学、科研院所、企业、社会团体均拥有完善的互联网现代数字化图书馆，并且大多数的大学、科研院所及企业均设有专门的网站。

随着互联网的普及，许多新兴的科技已经开始渗透到公共图书馆，这

些新兴的科技对传统的公共图书馆产生了深远的影响。许多公共图书馆利用新兴的科技改造现存的纸质、胶质、磁性等多媒介的文献，将其转换为可供读者查阅的电子文献，从而大大提高了公众的阅览效率。公共图书馆正在积极地运用互联网和最新的信息技术来满足人们对于多样性、高品质的资源的需求，促进资源的共建、共享，从而更好地服务社会。互联网已经成为公共图书馆提供优质服务的关键工具。它改变了人们对于传统的公共图书馆的看法，并且改善了公共图书馆的工作条件。

二、网络环境中公共图书馆的文化内涵

在网络时代，公共图书馆文化涵盖了物质、精神和制度三个方面。

（一）物质文化

当今社会，公共图书馆的物质文化已经成为一种重要的社会责任，其内容包括丰富的文献、先进的技术、完善的网络系统以及其他相关的社会元素。这种新型的社会责任使得公共图书馆的文化更加丰富多彩，更加符合人们的需求，更加贴近社会的发展。

（二）精神文化

在当今的互联网时代，精神文化是公共图书馆日常运营的重要支柱。公共图书馆所具有的精神文化，不仅体现在对服务的高标准要求上，还深入贯穿于团队合作的核心理念、对服务质量的不懈追求以及对服务效率的广泛认可中。这些元素共同构建了一个完整且富有影响力的价值体系。随

着时代的演进，公共图书馆的使命依然不渝，即利用现存的文献信息，以及其他可能的方式，为不断增长的大众知识需求提供更加丰富的服务，推动社会的可持续发展。

（三）制度文化

在当今的互联网时代，公共图书馆的制度文化经历了巨大的变革，这种变革发生在法规、组织架构、运营模式等多个方面。这些变革不仅提高了公共图书馆的服务效率，更为社会发展提供了强有力的支撑。随着科技的发展，公共图书馆的职责也在不断改变，它们不仅仅是收集资料，而是利用丰富多样的文献资源满足读者的阅览需求，并且不断完善相关的管理体系，以更好地满足读者的需求。

第三节 网络环境下的公共图书馆文化特征

一、网络环境下公共图书馆文化的全球性

随着互联网的普及，在全球范围内，公共图书馆已经变得越来越重要，它们不仅仅是一个国家或地区的文化枢纽，更是一个全球性的文化交流平台。它们提供的丰富的文献资料，让全球的读者都能够轻松获取到自己所需的知识，并且能够更好地了解其他国家和民族的文化，更好地掌握最新的知识。这样的一个全球性的平台，有助于促进全球文明的进步，推动全球的社会进步。

二、网络环境下公共图书馆文化的兼容性

随着科技的发展和互联网时代的到来，全球的公共图书馆文化变得更加多元、多样，使得全世界的人们能够更便捷地获取来自全球的信息。公共图书馆的多元文化特征表明，它既包含了传统的纸质和电子版的信息，也包含了虚拟的和真实的信息，同时保留了信息的版本和内容。

三、网络环境下公共图书馆文化的开放性

网络环境下公共图书馆文化的载体包括网络技术、信息技术、计算机技术等先进的信息技术设备和数字化馆藏资源，这些载体使公共图书馆信息资源可以在网上快速传播，用户利用馆藏资源时不受时间和地点的限制，

公共图书馆的服务工作和与用户的交流处在一个动态开放的环境中。同时，网上公共图书馆的用户范围也比传统公共图书馆更加广泛。此外，公共图书馆更多地利用网络信息资源，通过创建虚拟馆藏的方式为用户提供使用服务，这种以网络信息资源为主的虚拟资源使公共图书馆的馆藏资源体系从馆内的实体文献扩大到了馆外的互联网范围，并随着互联网上相关信息的动态变化而不断变化，体现了公共图书馆馆藏资源的动态开放性。

四、网络环境下公共图书馆文化的互动性

在网络环境下，公共图书馆服务已经从传统的单向性和一次性的信息服务转变为双向的和具有交互性的文化信息传输。通过利用网络 IT 技术，公共图书馆可以与用户建立更加紧密的联系，实现实时的交流，从而更好地满足用户的需求，提升社会的整体素质，促进社会的和谐发展。在网络环境中，通过深入探索用户的反馈，及时响应他们的需求，并及时回复他们的疑问，公共图书馆文化的互动性得到了极大的提升，从而彻底改变了传统的服务理念和模式，重塑了用户对公共图书馆服务的认知，推动了新型公共图书馆服务文化的发展。

五、网络环境下公共图书馆文化的个性化

随着互联网的普及，塑造一种属于自己的、与众不同的公共图书馆文化变得越来越重要。为此，不同的公共图书馆正努力探索和挖掘其中的精髓，并制定和实施针对不同需求的信息服务方案，以提升其自身的竞争优势。

第四节　网络环境对公共图书馆文化的影响及其发展

一、对用户获取方式的影响

长期以来，公共图书馆一直致力于以更加有效的方式向广大读者传递有关文献的知识，以期更好地完成使命。因此，公共图书馆一直努力提升工作效率，改进服务，以更好地帮助读者理解、掌握、利用相关资源。当读者想要查找和使用相关的信息时，他们关注的几个方面包括：①这些信息能够被轻松地查找到，而且能够反映出它们的创造性；②这些信息能够被尽早地查找到，而不必等到它们被完全掌握；③这些信息的类型和格式能够被轻松地使用。在许多领域，人们都在关注如何更好地利用公共图书馆的文献信息。

随着科技的发展，传统的公共图书馆已经不能满足当今社会对于更加便捷、全面的阅览和学习的需求，而采用新型的阅览技术，如营造智能化的阅览环境，可以更好地满足当代社会对于更多有价值的知识的渴望，并且能够更有效地帮助人们更好地了解和利用资源。

随着科技的进步，公共图书馆的书目信息资源已被广泛使用，读者能够轻松访问、浏览、分析、参考这些资源。这一技术的出台，为读者带来了更多的便利，也为社会的进步做出了积极的贡献。越来越多的公共图书馆都在使用互联网技术进行管理，这些技术使得读者无论在哪个地方都能够轻松地找到自己想找的资料。

通过数字化处理，原本孤立的公共图书馆馆藏可以被整合到一起，使得用户无论何时何地都能够轻松获取有价值的文献信息，从而实现跨地域的联合馆藏。"信息爆炸"在为公共图书馆带来挑战的同时，也提供了一种新的解决方案，公共图书馆通过有效地利用共享资源，不仅能够缓解"信息爆炸"所带来的财政压力，还能为读者带来更多的便利，使他们能够更加轻松地获取文献。

随着科技的飞速发展，公共图书馆已经成为一个充满活力的网络空间，它们不仅仅是文献的传播者，更是提供信息服务的平台，它们可以让每个人都能够轻松获取有价值的信息，从而提高人们的生活质量。通过采用先进的数字化技术，公共图书馆能够快速存储和传输大量的馆藏文献信息，读者能够轻松获取到所需的信息，从而大大提升了馆藏文献信息的可用性。

随着科技的发展，公共图书馆已经大大改进了其服务方式，提供的资源丰富、流程简单，大大缩短了读者的访问周期。比如，读者无须亲自前往图书馆，只需要查看馆藏资料、订购借书卡、完成预订程序，即可轻松完成资料的查询，而且这种方式比人工查找资料的方式更加有效。

随着互联网的普及，公共图书馆馆员的角色也发生了巨大的变化。他们不仅要满足用户的获取信息需求，还要积极参与"可获取性"的实施，以便更好地帮助读者解决问题。他们不仅要提供先进的技术，还要不断学习和提升自己的技能，以更好地满足读者的需求。公共图书馆工作的每一个步骤，从采访、编目、典藏到流通和管理，馆员的行为都会对读者的"获取性"认知产生重要的影响，甚至可能改变他们的认知水平。

随着文献载体的日益丰富，人们可以更容易地进行信息查询。此外，随着世界一体化程度的不断加深，人们之间的沟通也变得越发复杂，而目前的专业搜索引擎与数字资源库的查询效率却远远低于预期。随着互联网技术的发展，许多新的挑战随之而来，对于公共图书馆来说，其中之一就是如何最好地满足人们的信息需求。为了解决此问题，公共图书馆工作人员的职责发生了变化，他们的职责不仅仅局限于传统的馆藏管理，还要更加注重网络信息的收藏、分析、利用以及相应的技术支持。如今的公共图书馆工作人员，致力于通过不断的、活跃的工作来协调各种社会关系，促进社会发展。公共图书馆工作人员的目标是通过自己的工作使社会关注的焦点与社会需求相结合，从而使社会变得更有效率、更安全。因此，公共图书馆的工作人员被视为为读者提供信息指引的专家。

公共图书馆拥有丰富的信息资源，这些资源可以通过数字化方式进行存储。

利用精心设计的数据库系统，公共图书馆将各种类型的信息资源安排了最佳的组合，从而使得它们更好地满足人们的学习需求。相比之下，由于缺乏规范性和清晰性，互联网上存在着许多低质量和虚假的信息。因此，公共图书馆的数据库系统要更精心地筛选和组织网络资源，为读者带来更健康的知识体验。

公共图书馆以其便捷的服务、丰富的资源、卓越的 QoS 技术，成为知识传播的重要渠道，为人们提供了一种更加有效、更加全面的信息获取方式。

公共图书馆具有突破时空限制的，使用户自由、方便共享数据资源的特点，为开展全民终身教育提供了有效的支持环境。公共图书馆是组织互联网资源的先进模式，它将解决目前网络信息分化、良莠不齐的问题。按照一定要求组织起来的资源，通过智能检索工具，可实现按知识体系进行检索。跨库检索和无缝链接技术，使不同门类的知识在网络上实现了互通，较好地体现了知识的广度和深度。公共图书馆具有强大的信息传播和发布功能，可随时发布和传播各种文献资源，不仅能够持续不断地提供用户所需的信息和知识，而且具备"引导"和"导航"功能。

二、对加速知识信息传递的影响

随着"知识爆炸""信息爆炸"时代的来临，一种全新的、更加先进的信息载体及其传输工具应运而生，它们拥有更加迅捷的传输速率、更大的数据容量、更简便的查询方法、更全面的功能，使得知识的流通达到了一个全新的范围，从而促使人们迈向一个全面的、智慧的、数字的世界。

网络现已成为一种重要的沟通渠道，数据、图像、音频、视频等，都可以在互联网上迅速、有效地传播。互联网资源的三大基本特性促进了现代社会的发展：①时空压缩，将原始的文献转换为电子资源，可以大大提升传输的速率，拓宽文献的覆盖面，实现跨越地域的传输；②双向交流，在网络环境中，参与者可以自由地交换观念，从而实现真正的学习交流；③高效搜寻，可以实现快捷、准确的搜寻，从而提升学习者的学习能力。随着科技的发展，人们能够利用各种信息检索技术，快捷地在浩瀚的网络空间里搜寻出有价值的资料。此外，网络信息的传播更加经济实惠。网络资源是数字化的形式，能够以多种形态、通过不同的渠道进行传播。文字、图像、视频以及其他多种多样的表达方式相结合，催生出许多全新的、具有视觉冲击力的文献传输媒介，例如超级视频，它们能够让信息变得更具有吸引力。

互联网技术所具备的强大的交流性、便捷性、及时性等特点，使得整个社会的知识、思想、价值观都得到了迅猛的发展，从而彻底改变了人们使用信息的方式。

网络传播已经深刻地影响到了公共图书馆的运营模式：现在的公共图书馆不仅强调收集、整合、分享各种形式的数字化资源，还大力推行以人为本的管理模式，以满足不同读者的特殊需求。

对网络信息用户来说，其文献信息利用行为也发生了变化，用户越来越多地通过网络来获取信息。用户对信息的认知、思维方式以及信息接收心理也都发生了变化，如多媒体信息的内容与表现形式更加丰富、直观，更易于用户接收和理解；同时，新型数字化的文献采用非线性的信息组织方式，正改变着用户按照线性思维逻辑进行阅读的方式。此外，网络环境下的平等性增强了用户自主、自由和主动参与信息传播的意识。网络传播为知识信息的传播带来了深刻的影响。现阶段，网络作为一种新型的信息媒体，增加了文献传播的渠道，改变了文献传播的方式。

三、网络环境下公共图书馆文化的发展

随着科技的发展，公共图书馆已发展成为人们日常生活中不可或缺的重要组织，它们收集了大量高品质的文献，并且通过数字技术进行处理，使这些信息变得更容易获得。公共图书馆拥有出色的专业技术，并且拥有丰富的信息资源管理经验。此外，公共图书馆还拥有处理和运用互联网信息的独特方法。为了满足社会的需求，公共图书馆正努力构筑一个覆盖全国、涵盖各个领域的庞大的文化信息资源系统，以便更好地服务社会，提升社会的整体素养。经过多年的不懈努力，不同类型的公共图书馆收集、编辑、保存、传播了大量具有重要意义的本土资料，这些资料的多样化、全面、准确，使得公共图书馆成为当今世界上最具影响力的资源库之一。通过对当地的历史、文化、传统等进行数字化处理，公共图书馆成为一个丰富多样的、独一无二的、充满活力的地方文献数据库，使得当地的历史、传统、文化等多种多样的内容能够被纳入整个社会的信息服务体系之中，从而为人民群众提供更多的知识和服务。

充分利用各类型公共图书馆的文献资源，加强网络建设，可以大大提

升公共图书馆文献信息的覆盖面，从而形成一种全新的文化优势，有效地阻止不良网络文化的蔓延。

公共图书馆是重要的文化机构。在网络迅猛发展的时代，公共图书馆不仅需要通过增设服务网点、创新网络服务手段，来引导和满足公众日益增长的文化消费需求，更应在网络文化建设中扮演领军角色。公共图书馆应积极投身于新型、健康的网络文化的构建与完善之中，将长期积累的丰富文化工作经验与方式、方法巧妙地融入网络建设与服务中，以此推动网络文化的建设与传播。通过此举，公共图书馆将在网络时代扮演更为重要的角色，为公众提供更为丰富、多元且健康的网络文化资源。公共图书馆应当塑造自身独特的网络文化形象，这样才能更好地提供网络信息服务，有效地吸引网络用户群体。

为了更好地满足社会发展的需求，公共图书馆应当积极推进数字化转型，其中最关键的便是：积极构筑数字化转型的框架，以更好地实现数字化转型，更好地满足社会发展的需求。对于网络公共图书馆而言，满足用户的需求无疑是其可持续发展的基础，因此，其网络信息资源的构建应该紧紧围绕这一目标，即满足用户的期望，并且通过精心的编排，使馆藏资源成为可供使用的宝贵财富。跟随此思想的引领，公共图书馆不仅应当努力搜寻、整合、保管、分享、传递各类知识，还应该重视读者的需求及其变化，深入探讨读者使用文献的动机以及读者的认知水平、接受度和服务体验，以期将资源的开放、使用、管理紧密结合，实现资源的最大价值。

21 世纪的公共图书馆正迎来一场前所未有的变革，这场变革的主要特征体现在两个方面：第一，公共图书馆拥有多样化的资源形态，包括传统的纸张文献、胶片档案、磁带资料，以及新兴的网络资源。这些不同形态的资源相互补充、相互促进，共同构建了一个全面而完善的信息系统，为读者提供更为丰富、多元的知识来源。第二，现代科技与信息技术的深度融入，以及社区服务的不断拓展，也是这场变革的重要标志。现代科技和信息技术为公共图书馆提供了强大的技术支持，使得图书馆的资源管理和服务方式更加高效、便捷。同时，通过不断拓展社区服务，公共图书馆进一步融入了公众的生活，成为社区文化交流和知识传播的重要平台。这两方面的特征相辅相成，共同推动着公共图书馆的变革与发展。

随着全球经济一体化的加快，许多发达国家的公共图书馆正在朝着数字化方向发展，而一些发展中国家的公共图书馆则面临着资金、设备和技术方面的挑战。

总之，数字化公共图书馆不可能完全代替传统公共图书馆。以网络为中心的计算机技术、通信技术、信息数字化技术以及计算机国际语言化技术的突破，正在把传统的分离割裂的公共图书馆推向全球一体化、网络化。在 21 世纪，传统公共图书馆要与新的信息技术相结合。

除此之外，公共图书馆的运营模式也发生了巨大的改变，使得工作人员要能更熟练地使用电脑，从而更好地满足各种需求。随着科技的不断进步，公共图书馆正在迈向一个全新的阶段，它的运行模式、提供的服务和管理模式都在不断进化，而其中的参与者也在不断成长。

第四章 公共图书馆的馆藏文献数字化建设

第一节 特色数字资源建设现状

随着科学技术的不断发展与网络的逐步普及，数字资源对公共图书馆的意义逐渐显现，尤其是特色数字资源建设，对公共图书馆的未来发展具有不可忽视的作用。因此，做好特色数字资源建设，是公共图书馆必须重视的工作之一。但是由于各种因素的影响和制约，我国公共图书馆的特色数字资源建设还存在一系列的不足，公共图书馆必须正视这些不足，找出对策，以谋求自身更好的发展。

一、公共图书馆数字资源建设的作用和意义

相比传统的馆藏资源，数字资源具有占用空间小、信息形式丰富（比如视频、音频资料等）、容易存储等诸多优势，可以说它既继承和扩大了传统公共图书馆的优点，又充分体现了信息技术的优势。它将两种形态进行了充分的融合和互补，实际上是对传统公共图书馆作用的进一步补充。与传统的公共图书馆相比，数字化的公共图书馆不受对象和地理位置的限

制，在不与图书馆工作人员直接见面的情况下，读者可以通过网络与公共图书馆人员进行联系，这实际上能够更大程度地满足读者的需求。

数字资源建设的重要特征是建立以信息为主的各种资源，也就是要通过发挥信息技术的优势，将公共图书馆的图文资料进行数字化处理，并将其复制保存在更适宜的环境之中，使这些珍贵文献在受到充分保护的同时，能够被更充分地使用。

二、公共图书馆特色数字资源建设现状

经过深入研究发现，在推动公共图书馆特色数字资源建设的过程中，各地的成果都非常显著，尤其是一些经济发达的城市，效果更加明显。比如广州少年儿童公共图书馆的特色数字资源建设——"羊城少图工作数据库"；湖南少儿儿童公共图书馆的特色数字资源建设——"本馆原创动画数据库"等。这些城市公共图书馆在对地方文化特色和少儿需求进行挖掘的基础上，开发出了具有自身特色的数字资源，满足了当地读者尤其是青少年读者的需求，得到读者的广泛关注与认可。越来越多的公共图书馆都开始采用先进的技术，如多媒体读报机、自助微公共图书馆，以及其他更加先进的图书馆服务，以满足不断变化的社会需求，并且不断拓宽公共图书馆的服务范围，使其成为一个拥有丰富数据的知识库。

三、公共图书馆特色数字资源建设的共性问题

（一）少儿特色数字资源建设整体不足

特色数字资源建设是公共图书馆数字资源建设的重要组成部分，特色数字资源建设在很大程度上反映了本地区的地方文化特色，体现了对本地特色文化的挖掘，对公共图书馆数字资源建设来说具有非常重要的作用和意义。尤其是近年来，我国各地的公共图书馆对特色数字资源建设越来越重视，特别对少儿特色数字资源建设更为重视。

（二）特色数字资源建设的使用性不高

尽管许多公共图书馆都建立了独具特色的数据库，但由于缺乏分类，读者在查询时非常困难。例如，"特色数字资源"的索引可以在主页找到，但读者必须通过二级页面来查询，这样会影响读者的阅读体验。此外，许多公共图书馆并未提供指定的查询方法，这也影响了读者的阅读体验。

（三）特色数字资源不够完整

我国部分公共图书馆在建设数字资源时缺乏科学的规划，过分地追求自建数字资源成果，急于求成，导致在短期内推出多个数字资源库。但是从目前来看，我国部分公共图书馆仍然沿用传统的公共图书馆管理制度，而传统的公共图书馆管理制度基本没有涉及数字资源的管理，这必然会给数字资源尤其是特色数字资源管理带来一定的困难。

（四）人员素质需要进一步提高

现有的工作人员虽然学历较高，年龄结构比较科学，但是受所学专业的限制，现有的大部分工作人员对信息技术的掌握不够，尤其是缺乏特色数字资源建设所需要的网络知识、计算机技术、图情知识等，这就在一定程度上限制了特色数字资源的建设和使用。因此，为了充分做好公共图书馆的特色数字资源建设，发挥好公共图书馆的数字资源优势，必须进一步提高我国公共图书馆工作人员的素质，补齐工作人员在网络和计算机技术等方面的知识短板。

四、公共图书馆特色数字资源建设的提升策略

（一）注重青少年特色数字资源建设

青少年是公共图书馆的重要读者群体，因此我国的公共图书馆应进一步加大青少年特色数字资源建设，积极挖掘本地的文化资源，开发出适合本地青少年的特色数字资源。具体来说，可以积极借鉴学习特色数字资源建设先进地区的经验，加大对本地青少年特色数字资源的挖掘和建设力度，力争使本地的青少年特色数字资源早日面向青少年读者群体，提升公共图书馆特色数字资源的竞争优势，促进公共图书馆特色数字资源的更好发展。

（二）建立和完善特色数字资源的管理制度

我国公共图书馆现有特色数字资源使用性不高的一个重要原因是没有建立特色数字资源的管理制度，而传统的公共图书馆管理制度与特色数字

资源建设存在很多不匹配的地方，因此要做好公共图书馆的特色数字资源建设，就必须建立和完善特色数字资源的管理制度。

我国公共图书馆的特色数字资源建设工作一般由公共图书馆的技术部门负责。为了满足读者对阅读的各种需求，信息部门应作为特色数字资源管理制度的重要制定者，参与特色数字资源管理制度的制定。从内容上来说，特色数字资源管理制度应对特色数字资源的管理内容、管理原则、管理方向以及制度的维护人员等进行明确，并积极地配合数据库公司做好数据库的维护和升级工作，定期对中心机房服务器的软件、硬件等设施进行检测，如果出现问题要第一时间进行检查和处理。另外还要进一步加强监督管理制度建设，不断强化监督管理，实现特色数字资源管理的规范化和科学化。

（三）增强特色数字资源的使用性

为了实现信息的快速传播，公共图书馆应该采取措施，将所收集的信息综合起来，并创造一个完善的查询系统。此外，为了更好地管理各种信息，应该在各个部门都开发相应的检索功能。在构建统一的检索系统的过程中，不仅需要应用最新的互联网和数据库技术，也需要借助最新的搜索算法，使读者能够更加方便快速地访问和浏览各类文献。

（四）提高工作人员的综合素质

公共图书馆特色数字资源建设不仅仅是信息化、网络化高度发展的最终成果，而且是社会发展和读者需求的最终体现。特色数字资源建设既是对传统图书管理的创新，也对图书馆管理人员提出了新的挑战。由于操作和管理方式都与传统的图书管理存在较大差别，我国公共图书馆的管理人员必须熟悉特色数字资源的内容，了解和掌握计算机技术、网络知识、外语知识和图情知识等，努力将自己打造成兼具管理能力与现代信息技术的优秀管理人才。

要提高公共图书馆工作人员的综合素质，将工作人员打造成优秀的管理人才，可以从以下两个方面进行：一是积极引进优秀的管理人才，要结合自身实际做好人才需求计划，按照计划从科研机构、其他公共图书馆或者高校进行人才引进，人才引进的标准应重点放在计算机网络技术方面；二是对现有的工作人员进行培训，通过培训提升他们的业务能力、管理能力和相关的技术能力。具体来说，培训可以采取长期与短期、定期与不定期相互结合的方式进行，长期培训重点为培训工作人员的信息素养，短期培训重点为培训工作人员的信息技术，解决读者的日常问题。

目前公共图书馆特色数字资源建设取得了比较明显的成效，在一定程度上能够满足读者的实际需求，但是也存在着一些共性的问题。虽然这些问题不是非常严重，但是也相对制约了特色数字资源作用的充分发挥，影响了公共图书馆的进一步发展。因此，我国的公共图书馆必须提高对特色数字资源建设的重视程度，通过采取各种措施努力弥补现有缺陷，促进特色数字资源建设和公共图书馆整体建设的更好发展。

第二节　高校公共图书馆特色数字资源建设

通过深入的研究和分析，公共图书馆可以利用独特的资源，根据学校的重点学科建设需求，构建出具有特色的数字资源库，从而更好地满足用户的需求。本节将探讨如何构建具有高校特色的公共图书馆数字资源库，并有效地整合这些资源，以满足社会和高校的需求。

一、数字化公共图书馆是公共图书馆发展的必然趋势

在信息化高速发展的今天，网络技术日趋成熟并渗透于社会的各个领域，使用网络已经成为人们每天必不可少的活动之一。当今社会，由于技术的进步，人类的消费需求变得越来越丰富，相比之下，公共图书馆的传统服务模式的不足之处愈发凸显。例如，读者只能在休息时间到公共图书馆借书，没时间去就看不到书，在时间上和空间上具有局限性。这种模式已经不能满足社会大众的需要，不能适应信息时代的发展要求。以网络技术为核心的高新技术能让人们随时随地检索公共图书馆藏书，随时随地与公共图书馆工作人员进行沟通交流，获取所需信息。通过数字化建设，人们可以更好地共享信息，这是公共图书馆发展的必要步骤。

二、高校数字化公共图书馆特色库建设的现状

鉴于各高校的学科设置、优势专业和人力资源配置存在差异，为了更

好地发挥各自的优势，各高校应当积极收集和整理各类文献资源，突出自身独特的特色。其中，院校知名学者的学术著作、科研成果、学术论文、教材讲义等，都可以作为高校的重要资源进行数字化建设，以满足不同的教学需求。目前，多数高校都非常重视本校的特色馆藏建设。清华大学公共图书馆"资源"版面提供了"清华特色资源"的详细信息，让学子们能够轻松获取清华大学的学术研究成果信息。南开大学公共图书馆在"电子资源/数据库"板块中设置"自建数据库"条目，读者可以在其中找到"公司治理"专题研究数据库、馆藏随书光盘数据库、南开大学知名学者电子文库等特色数字资源。特色数字资源库是数字资源的"精华部分"，它和普通数字资源相比在很多地方有着独特优势。建立本校独具特色的馆藏，不仅能够优化公共图书馆文献资源的布局，还能够极大地提升馆藏文献的质量和服务水平，在推动本校文化的传播、指导教学科研、提升学校的知名度等方面发挥着至关重要的作用。

三、高校数字化公共图书馆特色库建设的发展思路

建设特色资源，要以重点学科建设为中心。高校的公共图书馆对于提供专业的信息来源至关重要。它们通常涵盖一个或几个独特的专业领域，并且通过提供专业的数据来支持这些领域的发展。这些数据内容对于提升高校的整体水平至关重要。例如，天津大学拥有众多优势学科，其中包括建筑专业、材料与工程专业和内燃机专业，为了更好地发挥这些学科的优势，该校利用这些信息资源创立了中国建筑文物数据库系统和中文电子资

源数据库，以便更多地收集和整理具有特色的文献资源。

资源共享，联合共建，避免重复建设。当前，构筑一个具有独特性质的数字化资料库，不仅需要投入巨大的人力、物力和财力，还应该由几所公共图书馆协同努力，形成一个完整的体系，每个部门都应该负责相应的任务。各高校应该积极寻求来自不同行业的专业人士的帮助，以便更好地整合学科之间的资源，并利用这些资源来提升学生的学习效果。这也是营造良好的学习环境的关键所在。

高校要利用高科技手段加强技术监督，利用 IP 网段限制权限、密码保护、许可证制度等方法进行合法认证，从而保护知识产权。公共图书馆必须严格遵守《中华人民共和国著作权法》，以保护其馆藏艺术作品的版权，并为其未来的可持续发展奠定基础。高校应该严格控制特色内容的公开范围，确保它们只面向学生。

高校应加大资金投入，不断提高公共图书馆工作人员的业务素质。高校图书馆工作人员的素质培养是高校数字化公共图书馆建设不可或缺的部分之一。高校公共图书馆工作人员应该努力提升自身的知识水平，积极倾听教授、专家以及普通读者的宝贵意见，以便更好地满足教学、科研和管理的需求，为社会发展做出更大的贡献。

第三节　公共图书馆的资源共享

"公共图书馆"是一个集成了先进图书馆建筑和数字化管理模块的系统，它利用物联网和互联网技术，实现了对公共图书馆资源的有效整合，并且提供了智能化的服务，使得不同地区和拥有不同需求的读者都能够获得实时的信息资源。目前，受政策、监管机制等多种因素的影响，公共图书馆信息的资源共享取得了一定发展，但仍需面对许多挑战，迫切需要寻求一套有效的解决方案，促进公共图书馆信息资源的可持续发展。

一、公共图书馆的含义与特点

随着科学技术的发展，公共图书馆已经成为一种全面的、具有革命性的文献服务模式，它采用最前沿的智慧资源，包括云端存储、物联网、大数据、机器学习、虚拟现实、安全可靠的信息系统，实现对文献的有效监控和利用。如今的公共图书馆已经不再受到时空的局限，可以为出版、教育、医疗、文物保护、收藏及其他社会活动提供更加方便快捷的服务。随着物联网、云计算和智能技术的普遍应用，公共图书馆的管理体系得到极大的升级，现在的公共图书馆的管理体系不仅拥有更加灵活的统计分析、更加全面的信息收集、更加精准的数据处理能力，而且拥有更加先进的技术支持。通过构建一个全面的、多样的智能服务体系，公共图书馆使用户可以跨越地域和时空的界限，轻松地分享和使用各类有价值的信息和数据。

二、公共图书馆信息资源共享现状

（一）信息资源共享制度缺失

当前，我国的公共图书馆大多数由地方高校拥有，它们的运营模式各不相同，拥有自己的管理特色和信息资源共享机制。然而，由于缺乏统一的、规范的政策制度，这些公共图书馆的运营状况存在较大的差异，无法实现全面的信息资源共享。

（二）信息资源共享风险大

当前，我国大多数的公共图书馆依然处在数字化转型阶段，其中的设施和 IT 设备的使用依然是初步尝试，缺乏完善的运行和维护机制，这就导致了许多潜在的危害，如信息泄露、虚假内容流通。这些危害可能给读者带来极大的损失，也阻碍着公共图书馆的可持续发展。

（三）信息资源共享动力不足

由于缺乏协作机制、缺乏共识、缺乏可持续的发展方向，公共图书馆的信息资源共享缺乏动力，难以满足当前智能化的需求。这种情况严重阻碍了信息资源的有效传播，并且降低了其使用的效率。

（四）信息资源共享建设不到位

近年来，由于科技的发展和先进的智能设备的广泛使用，许多公共图书馆都已经开始采用数字化的方式来提供服务。然而，由于缺乏有效的数字化架构，这些公共图书馆之间的数字资源交流仍然很困难，导致数据资源的流动变得非常缓慢。为此，政府应该加强对数字资源的管理和利用，提高数字资源的交流效率，促进数字资源的有效利用，提升数字资源的安全性和有效性。

三、公共图书馆信息资源共享新途径

（一）建立健全的信息资源共享制度

随着科学技术的发展，智慧型公共图书馆已经具备了良好的服务功能。通过使用先进的互联网技术，这些图书馆已经成功地将大量的数字内容传播到社会上。然而，由于这些数字内容的不稳定性，它们的传播速度较慢，因此，政府机构需要加强对这些数字内容的审查，并确保它们的安全性。在建立一个完善的公共图书馆信息资源共享系统时，应该充分考虑到各种因素，包括但不限于共享的目的、参与者的权益和数据的安全性，并确立有效的监管机制。

政府部门应该从客观的角度来审视公共图书馆的信息资源共享问题，并考虑用户的实际需求。为了促进馆际合作，应该建立一个利益共享机制，使公共图书馆能够有效地协调工作，从而更好地发挥馆际信息资源共享的作用。为了更好地满足不同地区用户的需求，相关部门应当根据馆藏资源的类型和信息共享模式，制定统一的传输、接收标准，并采用统一的检索软件和数据库系统，以提升信息资源的共享效率。为了更好地保障公众的利益，应该完善现有的公共图书馆信息资源共享制度和法律法规，消除存在的制度漏洞，确保信息安全，为公众提供一个安全、可靠、高效的信息资源共享环境。

（二）完善公共图书馆信息资源一体化模式

通过加强政府与社会的合作，推动公共图书馆的电子化转变，构建跨部门、跨层次的数字化业务网络平台，加速电子化转变的进程，提升电子化转变的水平，构筑电子化转变的新格局。因此，国家应当采取措施，加强对大型、中型、小型、村镇、社会等公共图书馆电子化转变的支持，使公共图书馆电子化转变能够顺利进行。实施全国范围内的信息资源共享政策，为各个省份的读者提供便捷的服务，使读者能够轻松访问全国各个城市的公共图书馆，使用统一的信息资源搜索系统，快速获取和保存有价值的文献。采用一体化的共享平台可以大大提升公共图书馆的服务水平，实现信息的快速、便捷传播。该平台可以根据不同的主题和特色，划分出不同专业的馆藏，实现精准收集、存储、展示，构建出一套科学的、可靠的检索机制，使得大量的文献可以被快速、准确地找到。

（三）加大公共图书馆信息资源共享投入

为了更好地共享信息资源，公共图书馆必须采用先进的 IT 设备和管理体系，这样也能节省人工成本。为了实现这一目标，公共图书馆必须不断改进服务，增强工作人员的能力，为读者带来更好的体验。政府需要不断改善公共图书馆的基础条件，包括加强其内部的数字化系统建设，并定期检查其是否能够满足读者的需求，这样才能确保公众能够获得高质量的信息。通过改进和升级物联网、移动网络、云计算和大数据存储技术，公共图书馆可以更好地改善公众的阅读体验，更好地实现信息资源共享。

（四）提高公共图书馆信息资源共享的安全性

利用先进的移动互联网，可以大大提高各个地域的公共图书馆的数据交换效率，从而使得各个地域的读者都能够轻松获取和分享有价值的信息。然而，这种方式在一定程度上增加了数据的安全隐患，因此，在使用这种新型的数据交换方式时，需要格外谨慎。某些公共图书馆的网络安全设施不够先进，没有充足的传输安全技术来保护信息，这就可能造成大量的信息外泄和数据损坏，进一步危害内部管理体系，严重降低其服务的有效性。因此，需要采取措施来确保公众阅读场所的信息资源能够得到有效的保护。首先，需要加强防御措施，包括设置强大的防火墙，确保数据的安全传递。其次，需要确保数据的隐私，确保数据的可靠性。最后，需要依靠专业的工作人员检查数据库，确认是否存在隐患，并采取相应的措施来解决出现的问题。这样才能确保公共图书馆的数据能够得到有效的保护，切实提高信息资源共享的安全性，使用户能够获得更好的服务。

总之，在科技以及经济不断发展的今天，公共图书馆的发展必须与时俱进，紧跟时代发展的步伐，立足于用户的实际需求，从政策、技术、投入以及系统化建设等方面入手，全面提高公共图书馆信息资源共享的水平，为用户提供更优质的图书服务，建立一个全覆盖、无死角、高速、高效的智能化公共图书馆平台，切实提高公共图书馆的资源利用率，充分发挥出公共图书馆的信息资源共享服务效能。

第五章　公共图书馆读者服务建设研究

第一节　服务创新——解决读者问题的关键

一、公共图书馆服务与读者需求之间的差距

专家认为，读者的满意度取决于他们对公共图书馆服务的期望的被满足程度，而不仅仅是服务的质量。因此，公共图书馆应该以读者的需求为导向，以实际行动来提升服务质量，以满足读者的期望，并将读者期望的满足程度作为衡量服务质量的最终标准。因此，深入探索读者需求与公共图书馆服务之间的差异，对于提升读者体验至关重要。

（一）管理者和读者之间的差异在于他们对读者需求的理解不同

如果根本无法准确地了解读者的真实需求，并以此为基础来为他们提供有效的服务，就没法真正做到让他们感受到关怀，也就没法真正满足他们的期望。由于未能充分了解读者的真正需求，公共图书馆管理层根本无法有效地做出有效的信息需求预测及经营决策，这就造成了当前公共图书

馆管理者和读者之间的巨大差异。具体来说，管理层未能充分开展有关阅读的深入调研，导致了公共图书馆的服务根本无法满足读者的期望，而且，多层次的管理模式也阻碍了一线工作人员与最终决策者之间的有效沟通。

（二）在实际服务中，QoS 标准与预期之间存在较大差距

在当今的市场经济环境中，公共图书馆的 QoS 取决于工作人员的素养、动机、技能和态度，工作人员的表现将决定读者对他们的满意度。因此，公共图书馆应当努力提升服务水平，以便让更多的读者获得更好的阅读体验。由于公共图书馆工作人员对自身职责的认知不够深入，缺乏必要的培训，他们无法充分发挥自身的能力，QoS 标准与预期之间存在较大的差距。

（三）公共图书馆服务与相关的信息交流之间的差距

由于 OPAC（Online Public Access Catalog，联机公共目录检索系统）等技术的发展，公共图书馆实际提供的服务水平远远落后于预期，这种现象的产生主要有两个方面原因：第一，OPAC 的设计缺乏灵活性，无法满足初次使用的需求；第二，OPAC 的设计不完善，无法满足客观需求。例如，由于公共图书馆的工作人员向读者提供的信息太多，读者的预期可能会超出实际情况，这会导致读者的不满情绪加重。

二、提供优质的服务是满足读者需求的关键所在

20 世纪 30 年代，印度公共图书馆学家阮冈纳赞就提出了著名的公共图书馆学五定律，从本质上揭示了公共图书馆工作和发展中的两个核心问

题：一是公共图书馆工作的基本法则——公共图书馆必须坚持读者第一、服务至上，贯彻全心全意为读者服务的宗旨；二是公共图书馆发展的重要规律——公共图书馆必须适应社会的发展和需要，不断审视定位，调整自我。

为了满足现代读者不断变化的阅读需求，未来的公共图书馆必须不断探索更加先进的服务模式，以满足他们的多元化阅读需求，并且不断改进现存的阅览设施，给他们带来多元化的阅读体验。

（一）服务理念人本化的要求

当今的公共图书馆致力于将人类的智慧与精神融入"以人为本"的价值体系中，并致力于满足不同的需求，秉持读者第一的宗旨，不断推进"藏书为本"的改革，构建"以人为本"的崭新服务模式，努力将其职能定位到更高的层次。公共图书馆正在努力推进自身改革，旨在转变成一个保存多样资源，能够满足不同人群、不同需求的综合型的社会信息中心。"以人为本"，体现了公共图书馆致力于通过提供全面的、高质量的服务来满足读者的期望。

（二）服务内容知识化的要求

由于人们越来越关注自己的学习能力，公共图书馆的主要职责已经由以往的为人们提供阅览场所转变成了为人们创造更多的学习机会。这种学习机会既包括普通的阅览，又包括更多的学术探索，旨在帮助人们更好地理解并应用所学的内容。通过知识服务，公共图书馆可以帮助政府部门、学术界及其他相关人士获取、整理、处理、再加工、运用各种资源，从而推动科技发展。除了提供基础性的信息，公共图书馆还致力于为公众提供更为丰富、更具深度的内容，特别是那些有助于人们更全面地理解和把握现代社会重大事件的信息资源，通过深入的数据挖掘、深度的思考和探索，把复杂的信息资料转换成可供人们参考的、具有实践意义的、能够提升社会效益的知识，最终形成完整的学习体系。

（三）服务项目特色化的要求

随着互联网的普及，公共图书馆越来越关注如何利用互联网来改进收藏工作和服务。通过互联网，人们可以分享、交流知识和经验，公共图书馆可以建立独具特色的数据库和信息库来支持读者的活动。借助这种新的发展模式，公共图书馆的阅览体验正在改善，逐渐走上了具有独特魅力的发展道路。通过为读者创造独具匠心的阅览体验，公共图书馆可以更加有效地满足当今读者的个性化需求。

（四）服务方式多元化的要求

目前的公共图书馆的服务不再局限于传统的馆藏文献外借，而是通过互联网平台为读者提供多种多样的资源，包括数字资源、专业资源、在线资源、离线资源等。通过引入先进的技术，比如信息推送、知识发掘、在线咨询，以及其他更加先进的技术，使公共图书馆的服务更加便捷、高效，并且可以根据用户的特殊需求，为其量身定制专属的服务，从而为用户带来更多的便利，更好地满足他们的阅览和学习需要。

（五）服务手段现代化的要求

现代化的公共图书馆已经配置了先进的信息处理系统。这些系统不仅支持对多种光盘资源、电子出版物、多媒体资源进行快速、准确的查询，而且增加了丰富、有效的阅览内容，从而为广大用户创造了更加便捷的阅览体验。此外，公共图书馆还推出了多种便捷的在线查询方式，包括 E-mail 和 OPAC 等。

（六）服务对象社会化的要求

网络环境下的公共图书馆，其本质是社会公共图书馆。在网络环境下，公共图书馆是一种把电子计算机和通信网络联系起来的集合体，每个公共图书馆都是地区、全国乃至全世界信息网络的一个节点，公共图书馆将不再只为持证读者或本单位、本系统的读者服务，所有的用户都能在任何时间、任何地点利用计算机检索终端从网上获取各馆提供的所有文献和信息。读者工作的出发点和落脚点也从学校发展到社会。服务对象的社会化，使公共图书馆从学校这个小圈子、小社会中走出去，融入大社会，使公共图书馆与社会保持同步发展。

（七）服务人员专业化的要求

由于互联网的普及，公共图书馆的管理者需要拥有更高的专业素养，以满足读者日益增长的数字化需求。公共图书馆的管理者需要掌握更多的科学技术知识，并且不断探索更先进的管理模型，以实现更好的管理。在信息时代，为了更好地满足人们的需求，公共图书馆的工作人员应该担负起引领人们获取新知识的重任，要积极搜索、处理、组织各类在线信息，为读者的自主学习提供条件。为了提高服务质量，公共图书馆的工作人员应该努力强化自己的专业技能，只有这样才能真正为广大读者提供优质的服务。

（八）服务环境人性化的要求

公共图书馆要努力营造一个充满温馨气息的、充满爱心的环境，让读者在这里获得一种自然的、有益的、有意义的阅读体验。公共图书馆要致力于打造一个温馨、宁静、有氛围的阅览室，让读者获得更多精神层面的收获。

第二节　读者服务工作对公共图书馆工作人员的要求

一、要不断增加服务内容

（一）不断改进公共图书馆网上服务

"公共图书馆网站"是一种新型的服务形态，它借助现代的科学技术，更加便捷地向读者展示公共图书馆的信息。公共图书馆网站会向读者展示该机构的概述、服务项目、馆藏文献、光碟资料、网上资源，并且会向读者推荐其他相关知识。为了满足客户的多样化需求，公共图书馆网站都拥有一套完善的学科导航体系。客户可以通过电子邮箱或者短消息，把自己的知识和想法发送至公共图书馆，而后，该机构会根据客户的要求及时回复客户的疑问，以满足客户的多样化需求。

（二）不断改进网络信息资源检索服务

公共图书馆要做好网络信息的筛选、组织、整理等工作，尤其要做好网络数据库的导航工作，从而方便用户利用网络查询文献信息。公共图书馆专业人员应利用自己的专业特长，在网上搜集与本单位学科专业相近或相关的信息，并进行分科分类整理，建立指引库，以方便用户查找所需信息，并为用户提供文献检索服务，包括网上定题跟踪、课题查询、专项咨询等。

（三）加强读者教育工作

随着互联网的普及，人们越来越依赖它来获取有价值的信息。然而，互联网的快速发展，以及其中数据和技术的多样性，导致许多人难以掌握正确的使用方法。为了解决这一问题，公共图书馆要给大众提供有效的互联网技术支持，以及专业的互联网培训。通过培训，能增强公众对于搜寻、识别、组织、管理各类信息的技巧，以便他们可以更好地从众多复杂的数据中挑选出最有价值的信息。

（四）持续改进和完善公共图书馆的人才培养机制

公共图书馆负责收藏、保存、分享各类文献。为了让这些数据变得更宝贵，公共图书馆工作人员需要努力掌握并运用这些知识。同时，公共图书馆工作人员要具备良好的信息处理技巧，以便更好地分析、解决各种问题。

二、现代公共图书馆工作人员的培训

现代公共图书馆的培训旨在帮助新员工和现有员工提高专业技能水平，以满足社会需求。这种培训不仅包括基础知识的传授，还包括职业道德的培养，以及提升员工的敬业精神。

（一）基本技能培训

现代计算机技术、多媒体技术、网络技术等被大量引入公共图书馆，传统公共图书馆正逐渐向电子公共图书馆、信息公共图书馆、复合公共图书馆转变，公共图书馆的工作发生了重大变化。一方面，公共图书馆的传统工作流程在信息技术的介入下，实现了显著的效率提升。具体来说，采访工作现在能够通过网络平台迅速搜集最新的出版信息，使得书籍和资料的采集更为迅速和全面；编目工作则借助统一的机读目录系统，极大地简化了烦琐的手工操作，节省了大量的人力物力；而检索工作则通过计算机的助力，彻底摆脱了传统手工检索的烦琐，使读者能够更快速、准确地找到所需的书籍和资料。另一方面，公共图书馆的工作范围日益扩大，如采访工作需要加强对电子书籍、各类型数据库的采集；信息检索范围从传统的纸质文献扩大到了互联网，信息服务的方式也不再局限于信息检索和咨询。这一切都要求公共图书馆对工作人员在数据库的管理能力，网络环境下的信息搜集、处理能力，信息检索工具的使用能力，网络信息的利用能力，以及计算机操作能力等方面加以培训。

（二）解决问题能力的培训

在当今这个充满挑战的时代，公共图书馆的工作人员必须具备解决实际问题的能力，以确保向读者提供高质量的服务。因此，提升工作人员的素质，对于公共图书馆的发展至关重要。公共图书馆应该加强对工作人员的培训，这样才能帮助他们更好地应对实际问题。

（三）人际交往能力的培训

在工作中，人际交往是必不可少的。作为一个为公众提供服务的机构，公共图书馆应该重视培养工作人员的人际交往能力，以减少冲突并促进与其他部门的合作。

（四）服务态度的培训

在当今社会，许多人都认为公共图书馆的一些传统的服务方式必须改革。为了实现这一目标，公共图书馆必须树立新的服务思想，如"以人为本""读者至上"的思想，并努力强化服务意识和转变服务态度。

第三节 服务创新是经济技术进步的需要

随着现代科技的不断进步，公共图书馆作为一个汇集了大量的知识和资源的地方，应该采取有效的措施，将这些资源有效地运用到日常工作中，以提高效率，推动社会发展。

一、知识经济的形势要求

（一）知识经济的特征

随着信息技术的迅速普及，一场全面的、前所未有的变革席卷全球，改变了人类的生活方式，并产生了全面的、深远的影响。

知识经济时代到来前，人类经历了数千年的农业经济和 200 余年的工业经济发展阶段。近半个世纪以来，计算机、晶体管、集成电路、个人电脑、全球网络、多媒体通信等相继出现并迅速发展。20 世纪 80 年代以后，以信息获取、储存、传输、处理、演示技术为内容的信息产业迅速崛起，成为发展最迅速、规模最宏大的新兴产业。20 世纪 90 年代以来，世界经济发展又呈现出新的变化：经济和社会的发展越来越依赖于知识的创新和创造性应用，世界经济逐渐呈现出知识经济全球化的态势。21 世纪，知识经济将逐步占据国际经济的主导地位，科学研究系统在知识经济中将起着知识生产、传播和转移的关键作用，而知识和科技的创新及应用将成为知识经济时代生产力发展的决定性因素。新技术的革命，尤其是信息技术的发展，使全球经济的增长方式发生了根本变化。

"以知识为基础的经济"是一种新兴的生产模式，它将创新的知识、先进的技术（特别是微电子技术）、多媒体计算机、互联网、先进的通信技术、全球化的市场以及掌控这些技术的人们紧密结合，形成一种综合性的经济发展模式。

研究人员普遍认为，知识经济的核心思想就是利用先进的科学技术来提高人们的工作效率，并将这些成果转化成实际的商品。这种模式的核心特征就是：把人类的聪明才智当作第一财富，并将人类的劳动成果转化成可持续的发展。随着科技的不断进步，知识经济已成为一种极具挑战性的、具有深远意义的经济模型。它不仅深刻地影响了人类的职业、行为，还引领了全球性的重塑。

（二）知识经济对公共图书馆的影响

随着知识经济的发展，知识已经成为一种宝贵的资源，它可以被有效地开发、传播和利用，而不断创新则是推动社会进步的基石。因此，公共图书馆在收集、整理和传递知识方面面临着更加严峻的挑战。通过不断的改革和创新，提升公共图书馆的发展活力，使其以更加积极、主动的态度迎接经济社会的发展挑战，已成为当今时代的必然选择。

1. 用户需求日益提高

在知识经济时代，公共图书馆用户已不满足于一般性的服务内容，他们的需求已经由文献需求转变成知识、信息需求，因此，公共图书馆要改革以原始文献作为第一服务手段的服务，以用户需求为导向进行文献信息的深化，从文献传递的提供式服务向知识、信息资源重组的创新式服务转变。要了解并掌握用户知识、信息的需求特点，向用户提供以专题、知识单元为基础的服务，及时对馆藏文献进行开发与利用，将文献信息进行收集整理，实施专题综述、述评、研究报告等深层次的开发，发掘新的信息资源，以此满足用户日益发展的需要。

2. 市场竞争日趋激烈

随着科学技术的不断发展，传统的印刷型文献已无法满足当今的公众需求，更加先进的数字化、智慧化、多媒体的数字化解决方案才是解决问题的关键，这就需要更多的数字化资源，而这些数字资源的利用将对传统资源的利用构成更大的威胁。在过去的几十年里，许多地方的政府部门都在努力推动当地的文化发展。这些地方不仅致力于推动当地的文化发展，还努力促进当地的文学事业的发展。当地的文化部门不局限于对传统文献资源的开发，而是不断拓展其他领域，尤其是信息服务领域。随着日益增长的用户需求，公共图书馆传统的信息服务已经无法满足当今社会的多样化需求，因此，公共图书馆应该采取措施改变传统的信息服务模式，加强与用户的沟通，满足他们的实际需要，并建立一套全方位的、可靠的、可持续的信息服务体系，从而赢得他们的青睐。

3.事业发展日渐迫切

在这个充满活力与变革的世界里，知识已不再仅仅是一种财产，它已被视为一种不可或缺的经济社会财务资源。因此，公共图书馆在这个充满活力与变革的世界里，不仅可以提供更多的知识，还可以提供更多的机遇。"知识经济"的出现标志着一个全新的开端，它提出了一种将知识资源与经济建设相结合的方式，即将先进的科学技术、经营管理方法等融入其中，以此激励企业投身于经济建设，实现企业的长远发展。因此，公共图书馆需要跟上这一步伐，积极探索、实践，努力实现自身的长远发展目标，才能获得良好的社会发展效益。

作为一个重要的信息交流中心，公共图书馆不仅承担了促进当地经济发展的重担，还必须改革旧的服务模式，积极尝试各种新的服务形态，不断扩大其覆盖的领域。公共图书馆应该依托互联网，持续推进创新，发掘更多的资源，取得更大的效益。

二、信息技术的形势要求

（一）信息技术的现状

信息技术的普及，极大地拓宽了人们的视野。高新技术已经构筑起了一个完整的、覆盖世界各地的"神经系统"，它们构成了一个完整的、可持续的、可以满足人类各种需求的"大脑"。

随着科学技术的迅猛发展，现代信息技术已跃升为当今世界的核心驱动力，它的出现和发展为世界带来了前所未有的深刻变革。在各个领域，现代信息技术引发了巨大的变革，彻底改变了人们的生活方式和思维方式。

1. 快速更新换代

1946 年，首台电子数字计算机诞生，半个多世纪过去后，计算机已历经五代的发展，从光电管到结晶管，再到电子系统，再到大型电子系统，最后是如今的人工智能计算机。此外，现代的通信技术，如卫星、光纤，都取得了巨大的进步，其中第六代卫星拥有几十个转接头，能够实现几万路的数据传输；许多国家都在构筑基于光纤的高速、稳定的长距离数据传输系统。

2. 大容量的信息存储

20 世纪 70 年代后期，计算机的储存容积仅限于 1KB、4KB、16KB，但如今，512GB、1TB 的硬盘变得非常常见，这使得信息系统能够更好地将所处理的数据及时传输给用户。此外，激光全息超缩微平片的应用更是大大提高了缩微效果，它的缩率高达 90~150 倍，一张 6×4 英寸的平片就能够容纳 3000~12 000 页的数据。此外，得益于科技的进步，光存储设备的种类和功能都在不断增加。

3. 自动化的信息加工处理

随着信息技术的蓬勃发展，信息管理流程得以显著优化。这包括采用先进的操作系统来确保系统的流畅运行，实施全面的数字化管控以精准掌控信息流动，建立严谨的标准化记录体系以保证数据的准确性和一致性，实施精细的文献编辑以提升信息的质量和可读性，运用前沿的图像分析技术来挖掘信息的深层价值，以及构建完善的知识数据库和专家系统来提供智能化的信息服务。这一系列措施共同助力实现智慧型的信息服务，为社会各领域带来更高效、更便捷的信息管理体验。随着科学技术的日新月异，超过一百种的人工智能专家系统正逐渐被广泛应用于各个领域，包括医学、金融服务、贸易、科技研发、天文学、城市规划、法律实务、教育领域以及环境保护等。这些系统正发挥着不可或缺的作用，极大地提升了这些领域的工作效率、决策精准度和创新能力，为社会的持续发展注入新的活力。

4. 数字化的信息传输手段

数字化信息不仅能在短距离内实现迅速、高效的传输，而且在数据精度和稳定性上表现更为出色。值得一提的是，多样化的信息类型得到了有效的整合，催生了丰富多彩的多媒体文档，这些文档以更直观、生动的方式呈现信息，极大地丰富了信息的表达形式。

三、信息技术对公共图书馆的影响

近年来，互联网技术对公共图书馆的传统业务产生了深远的影响。互联网打破了人们的时空隔阂，使得人们能够在任何时间、任何地点获取到所需的资讯。在这种情况下，公共图书馆成了一个拥有丰富资源的学习场所。随着科技的飞速发展，数字技术的应用为公共图书馆带来了革命性的变革。它极大地扩展了图书馆的存储空间，拓宽了服务领域，同时打破了传统的信息传输界限，使信息的流通变得更为高效、便捷。在这样的背景下，持续实施服务创新，已成为当今公共图书馆顺应时代潮流、满足公众需求的必然选择。

（一）文献资源数字化

传统公共图书馆的信息资源以文献为主，且多为纸质印刷型文献。随着信息技术的发展，纸质印刷型文献"一家独大"的局面已不复存在，电子信息源不断出现和增多，信息的形式也日渐丰富，不仅有纯文字型信息，还有图像视频型、数字型、软件型等多种信息类型。这些新型的信息资源不仅数量巨大、类型繁多，而且取用方便，极大地丰富了公共图书馆的服务内容，成为未来公共图书馆信息资源的主体。

（二）传播载体多样化

近年来，随着多媒体技术和超媒介计算机技术的飞速发展，传统的纸张传输方式已逐渐转变为更先进的磁、光介质传输，并催生了更便捷的电子出版物。这一变革极大地提升了人们获取、分享和理解各类新资讯的便利性。与此同时，科学技术的进步也极大地丰富了信息传输的媒介形式，从单一的书面载体拓展到视频、游戏、数据库以及互联网等多元化平台。这些媒介不仅用于存储、传输、分析和交流信息，还具备较强的社交功能，使得信息流动更为便捷，也更容易被大众所接纳和喜爱。

（三）服务手段现代化

现代化的公共图书馆可以提供更加便捷、高效的服务，而无论是实地还是远程，都可以实现快捷、准确的查询；无论在何种场景下都可以满足读者的阅览要求，进而提高服务的整体水平。随着现代科技的进步，公共图书馆的服务方式也在改变。例如，现在读者可以利用电子阅览器、电子记录本、电子化的资源来满足自己的阅读需求，这些方法既拓宽了阅读的领域，又极大地提升了阅读的便利性。在线预订、在线归还、在线追踪的出版物服务的普及，意味着读者无须再前往图书馆。

（四）服务方式多元化

现代的公共图书馆已经迈入了全新的服务阶段，它们不仅为公众提供了更为便捷的借阅服务，使得读者能够轻松借阅到心仪的书籍，还引入了更为灵活的资料检索系统，使查找资料变得更为简单高效。此外，公共图书馆还积极举办多样化的社区活动，进一步丰富了公众的文化生活；还推出了高效的自助查找功能，极大地提升了用户体验，满足了现代读者对高效便捷服务的需求。

（五）服务对象社会化

现代化的公共图书馆正在改变着人们的学习方式，它们的服务范围从原来的仅仅针对学校内的教职工、学生扩展到了更广泛的社会群体，它们的资源更加丰富，获取方式更加便捷。无论你来自哪里，只要你有求知欲，就能够轻松获得有价值的信息。与传统的公共图书馆相比，新型的公共图书馆拥有更加丰富的读者群体。

得益于科学技术的飞速进步，数字化文献资源以及互联网信息服务已经成为当今社会的重要组成部分，e-science、e-learning、e-business 以及 e-government 等多种信息环境的建立，也促进了人们对于更多有价值的内容的获取、分享及有效利用。伴随科技的进步，开放存取、谷歌云打印、机构知识库等多种形式的应用，给公共图书馆的发展提供了全面的可能性，也给读者提供了更多的选择。公共图书馆在应对新的挑战时必须深入思考，以便更好地把握市场的脉搏，把握机会，发挥自身的优势，整合多元的资源，打造出具有竞争力的、高效的服务体系，以满足社会发展的需求，从而实现更大的社会效益。

第四节　公共图书馆文献流通服务

提供优秀的文献流通服务对于提升馆藏文献的价值、拓展其使用范围以及改善其社会影响力至关重要。因此，公共图书馆工作人员应当以积极的态度、持之以恒的努力，以及精湛的技艺，全力以赴地满足读者的需求，以达成"人有其书、书有其人"的效果。为了更有效地贯彻"让读者高兴而来，满意而归"的思想，公共图书馆不仅要认真负责地完成导读，还要深入洞察读者的需求，并且根据其偏好提供最新的、最受欢迎的内容。

一、公共图书馆的外借阅览服务

虽然现代公共图书馆的服务以帮助读者获取信息、进行深入研究，满足大多数读者的知识需求为核心，外借阅览只是其辅助性的功能，然而，外借阅览服务仍然在积极地推动着文化的进步，并且在改善读者的生活质量、满足读者的学习需求等方面都起到了积极的作用。随着科技的发展，数字化技术可以快速地将一本书送达用户手中，而不需要经过以往那样烦琐的查重、分类、编目和上架程序，这样可以有效地提高阅览的便捷度，让更多的人能够获取有价值的信息。

现代公共图书馆应当采取有效的技术措施和现代化的管理体系，并且实施全面的开架管理，以便更好地满足读者的需求。

外借服务是一种普遍存在的、便捷的服务形式，它可以让读者在不受任何限制的情况下，轻松地获取所需的资源。

（一）外借服务类型

一是个人外借。二是集体外借，为群体读者服务。三是馆际互借，是为了满足读者阅读需要，帮助读者从其他公共图书馆借阅文献的一种方法。四是预约借书，对某些一时供不应求的图书，采取预约登记办法外借。五是邮寄借书，通过邮政通信手段，将读者所需文献邮寄给读者。六是馆外流通借书，通过馆外流通站、流动服务书车等手段开展借阅活动。这些办法各有所长，可根据具体情况选择使用。

（二）外借服务方式

借阅人需要填写一张借书申请表，然后交给图书馆工作人员，完成申请和审批。在审批通过后，借阅人就可以借走相关书籍。

（三）阅览服务方式

在实行闭架借阅制的公共图书馆，读者不能将文献携带到馆外。为了更好地满足读者的学习和研究需求，公共图书馆多采用半开架的形式，即把一些重要的、价值不菲的文献摆放到专门的可见的书架上，让读者根据自己的兴趣选择相应的内容，并且由专业的服务团队进行收集和整合。

二、视听服务

视听服务是公共图书馆利用视听文献和相关技术为读者提供服务的方

式。视听文献是指以磁性、光学材料为存储介质，利用专用设备观看或收听其内容的录像带、激光视盘等。国内外许多公共图书馆都把视听文献列为收藏对象，并开展各种形式的视听服务活动。视听文献主要有唱片、幻灯片、录音带、录像带、影碟、磁盘、激光视盘、激光唱盘及缩微胶卷等。它们容量大、成本低、占地小，便于存储，易于检索，集文、声、图、像于一体，内容形象生动，受到读者喜爱。

三、复制服务

复制服务可以有效地复制原始资料，是一种全面的、高效的、可持续的信息收集方法。

复制技术已被广泛应用于研究和出版中，其中包含缩微拷贝法、静电复印法和计算机拷贝法。使用复制技术，读者只需要投入少量资金，即能够轻松地获得原始文献的复制品，这极大地提高了工作效率。

四、现代公共图书馆文献信息服务的自动化

公共图书馆的宗旨就是提供优质、便捷、高效、安全、可持续发展的阅览环境。以下三方面的文献信息服务自动化工作取得了显著的成果。

（一）建立联机公共查询目录

OPAC 是 Open Public Access Catalogue 的缩写形式，意思是"联机公共目录检索系统"。

随着科技的发展，人们能够通过多种途径来搜寻各种各样的图书。比

较流行的搜寻方式包括书名搜寻、作者搜寻、ISBN 搜寻、年代搜寻和出版社搜寻。此外，一些不常用的搜寻方式，比如分类搜寻、导出词搜寻、丛书搜寻和套装搜寻，也能够通过 OPAC 数据库来实现。

当使用 OPAC 时，如果读者能够提供大量的检索信息，那么搜索的次数将会大大减少，从而提高找到所需书籍的概率。OPAC 的自由查找栏中，"中国"和"历史"是必需的，因为它们可以提供最大的信息量。然而，如果读者只输入"中国"或"历史"，一些与读者期望无关的内容也会出现，例如中国经济、中国文化、美国历史等；而通过输入"中国历史"，读者则可以轻松地进行分类检索，并且可以根据图书馆的书籍编号快速定位自己需要的书籍。

（二）开展联合目录数据库服务

联合目录是由多个机构协同完成的，这些机构需要在开始之前就明确相同的记载内容、规则和范围。这些机构可能包括多个拥有丰富资源的大型公共图书馆，它们将根据自己的工作经验，向读者提交详细的记载内容，并在附件中加入相应的信息。利用先进的计算机技术，许多公共图书馆能够快捷地构建出一个完整的、具有多种形态的联网联合目录，这不仅能够满足读者网络搜寻的需求，也能够给读者提供纸质版以及电子版的联网目录。

随着联合目录覆盖的公共图书馆数量的增加，资源共享的范围也会相应扩大。

（三）馆际互借

如果公共图书馆没有读者所需的文献，那么该馆将按照相关的制度、协议、流程和收费标准，向外馆借阅。如果外馆需要该馆的文献，该馆也将提供帮助，借出文献。

第六章　公共图书馆阅读推广的基本理论

第一节　公共图书馆阅读推广理论与实践

随着信息时代的快速发展，人们在各种渠道中寻找资讯和学习资料已成为常态，而且这种趋势正变得越来越普遍。在此背景下，公共图书馆扮演着至关重要的角色，其在促进阅读方面的作用愈发凸显。我国公共图书馆的阅读推广活动取得了显著的成就，但也暴露出一些问题。因此，为了更好地改善公共图书馆的阅读推广活动，有必要进行深入研究和挖掘，以寻求更加有效的策略和方法。

公共图书馆作为拥有丰富的文献储备的场所，既能够让学习者获取宝贵的学习资源，又有助于推动社会的发展。近年来，随着中国人口结构的变化和出生人口数量的减少，公众的阅读率也出现了下降的情况。因此，政府和社会各界都有更多的责任来促进公众的阅读。为了应对这一挑战，深入探讨公共图书馆阅读推广的理论和并开展实际工作变得尤为必要。

一、公共图书馆阅读推广的作用及方法

"公共图书馆阅读推广"在狭义上可以被理解为公共图书馆开展的多种阅读活动；广义上是指公共图书馆以阅读为中心延伸出来的各类文化活动和事业。阅读推广是公共图书馆为读者提供更好的服务的有效途径。

（一）公共图书馆阅读推广的作用

1.确定要素

公共图书馆阅读推广的概念通常被划分为两类：专注与创新。专注指的是将整个资源集中在特定的领域，而不是将其他领域的资源放在首位。因此，在进行阅读推广时，应该专注于那些能够吸引并留住读者的资源。一些馆藏可能没有足够的吸引力，但可以利用精心设计和独特的想法来增加其吸引力。

2.划定对象

为了更好地进行公共图书馆的阅读推广，各图书馆应该重点关注自身的馆藏。

3.理解成功

事实上，任何一项阅读推广活动都可以被认为是成功的，但其成功程度因项目而异。因此，任何能有效提升公共图书馆馆藏利用率和流通率的阅读推广，都可以被视为成功的。

（二）公共图书馆阅读推广的方法

1. 拉法阅读推广

拉法阅读推广适用于读者需求旺盛的文献，比如热点文献。公共图书馆将这些"自带吸引力"的书采购到馆，并通过展览等途径通知读者来馆借阅，这就是拉法阅读推广。这种方式被称为"镇馆之宝"，它既简单又有效，而且不需要进行太多的宣传，只需要公共图书馆的工作人员将他们认为有价值的书籍推荐给读者即可。

2. 推法阅读推广

推法阅读推广适用于需求不旺的新文献、陌生文献、睡眠文献，公共图书馆需要通过阅读推广，大张旗鼓地将其广而告之，全力推进读者乃至全社会的视野，发挥文献应有的社会效益。基于这种文献的阅读推广就叫推法阅读推广，因为其基本方法不是吸引而是推送。

3. 撞法阅读推广

撞法阅读推广适用于需求不明或需求混合的文献。通过物理形式或气质特征筛选出一批混合主题的图书进行推广，可称为撞法阅读推广。例如，图书漂流也是撞法的一种，对公共图书馆来说，撞法是最好操作、效果比较好的一种方法。

二、公共图书馆阅读推广理论存在的问题

（一）缺少实践性

尽管公共图书馆已经尝试着将这些理论转化为可行的实践活动，但它们仍然未能充分利用这些信息来促进阅读，特别是在响应政府发起的关于阅读宣传的呼吁上。尽管公共图书馆的阅读推广计划基本符合预期，但由于缺乏系统的研究，未能为特定的受众量身定制出最佳的策略，未能从长远的角度去评估推广活动可能带来的积极影响。因此，公共图书馆应该加强研究，深入挖掘受众的需求，并且根据具体情况制定出更加精准的策略，以提升阅读推广的整体效果。虽然许多学者已经就阅读文化展开了广泛的探讨，但他们的研究仍然不够全面，因此，我们必须继续努力，通过实际的方法来探索这个领域。

（二）不够科学合理

许多公共图书馆在开展阅读推广活动时，并未对读者的年龄和需求进行全面的调查和研究，而是依据"以图书管理员为中心"的原则，仅仅凭借图书管理员的主观判断来决定推广图书的种类和内容，忽略了读者的需求。

三、公共图书馆阅读推广存在问题的解决措施

（一）国家需要制定相应的法律政策进行指导

由于缺乏有效的法律政策指导，许多公共图书馆的阅读推广活动未能

取得预期的成效。因此，为了避免这种情况的发生，国家必须制定有效的法律政策，确保公共图书馆的阅读推广活动能够采取统一的措施，朝着统一的方向行进。

（二）对公共图书馆阅读推广的理论进行更加深入的研究

在研究必要的阅读推广理论时，公共图书馆必须仔细分析它所体现的教育学原理，以及应承担的责任。研究阅读推广理论，旨在借鉴国外学者的成功经验，让读者自发地参与到图书阅读的活动中，同时为公共图书馆的工作人员提供一个正确的阅读推广方向。

（三）不断扩大公共图书馆资金的来源范围

为了让公众参与到有益的阅读推广中，政府应该给予充足的财政支持，并且鼓励各类社会团体和个人参与。同时，政府应该积极拓宽公众的参与渠道，比如举办各种文化交流、学术研讨、文化艺术节等，从而提升社区文化氛围，促进社区文化的发展。

（四）调查阅读人群并提高公共图书馆工作人员的整体素质水平

为了改善公众的阅读体验，公共图书馆需要重新审视自身的工作方法。公共图书馆需要认真思考如何有效地利用自身资源，并且结合实际情况制定具体的策略。这样，才能在节省费用的前提下，获得最佳的经济和社会效果，并为更多的读者提供优质的服务。为了让公众获得最佳的阅读体验，公共图书馆可以采取一系列措施，包括开展专题培训、实施有效的考核机制、实施严格的激励机制，从而让公众可以获得优良的阅读指导，并且主动参与到文化宣传和教育工作之中。

加强阅读推广可以确保人们的阅读权利得到充分尊重，从而促进全民健康、高品位的阅读，进而塑造公平、透明、公正的阅读文化，为营造一个文明、健康的社会环境做出贡献。当今，许多发达国家都将阅读推广作为一项重大任务。我国也应该深入探讨、深刻领悟公共图书馆阅读推广的理念及其应用，发现并弥补其中的缺陷，采取更加具体的、更加切合实际的政策，来促进公共图书馆的发展。

第二节　公共图书馆阅读推广的文化内涵

阅读已经深深扎根于每个家庭和社会的各个阶层，它为人们带来了丰富的视野和精神世界，也对他们的思想和行为产生了深远的影响。公共图书馆作为重要的文化资源，可以帮助公众培养良好的阅读习惯，激发出更多的智慧，最终推动全民素质的提升。本节将深入探讨如何通过公共图书馆来促进阅读，并探究它的独特之处。此外，还会探讨它所承载的文化意蕴，并给出一些可行的建议。

为了更加全面地掌握和传播各种文化知识，公共图书馆应当作为重要的渠道，为大众提供大量的优质图书，帮助大众从中汲取智慧，培育良好的阅读习惯，激励大众积极参与到社会活动中，从而维护经济社会的安全平稳，为实现中华民族伟大复兴提供动力。

一、公共图书馆阅读推广的意义

阅读是一种充满活力的活动，它不仅能够帮助人们理解世界，还能够让人们获得更多的知识。随着社会的发展，人们对阅读的需求也越来越大。为了促进阅读，公共图书馆采取了多种措施和方法。凭借政府部门、公共图书馆协会等组织的共同努力，公共图书馆已经取得了长足的发展，能够以专业化的视角推广阅读，为公众提供更加丰富的知识和专业的服务，有效地提升了公民的文化素养。

二、公共图书馆阅读推广的作用

（一）有助于社会文化的提升

近年来，中国许多公共图书馆都在积极参与各种读书宣传活动。由于拥有大量的阅览室和其他相关设施，它们承担起了促进阅览普及的责任。在当今世界，随着人类阅览水平的稳步提升，政府和企业应更加重视培养和激发大众的阅览兴趣，以助力他们丰富知识、拓宽视野、提升技能。鉴于阅读对个人和社会的深远影响，公共图书馆作为文化服务的重要载体，也在不断加强服务品质，通过组织多样化的阅览项目和活动，激发民众的精神追求，同时为国家的文化实力提升注入新的活力。这些举措不仅有助于提升国民的整体文化素养，也为国家的繁荣与发展奠定了坚实的基础。

（二）有助于培养公民的文化责任感

在社会结构日趋复杂的背景下，作为文化机构核心力量的公共图书馆，不仅肩负着维护社会稳定的重要使命，更充当着满足人们知识渴求的源泉，对于实现全民素质的全面提升发挥着关键作用。因此，公共图书馆必须认真履行职责，积极投身于宣传、普及、教育等各项工作中，为全民素质的全面提升做出积极的贡献。

（三）有助于提升社会的人文精神

健全的社会人文意识不仅能够帮助人们更好地理解世界，还能够推动人们为构建美好的未来贡献自己的力量。这种意识不仅能够提升人们的工作效率，还能够为人们的生活带来更多的乐趣。为了更好地传承和弘扬人类的智慧和美德，公共图书馆应该持续优化其文化传播工作，并努力培养和弘扬这些宝贵品质。

（四）有助于创新发展

随着社会的进步，越来越多的人开始接受现代的阅读方式，教育模式也逐步从封闭转变为开放。公共图书馆既是传播知识的重要场所，又是推动社会进步的重要力量。虽然现今的公共图书馆仍需要收取一定的服务费，但它们仍致力于为社会大众提供更多的便捷服务，从而促进社会的进步。在科技飞速发展的今天，世界正处在一个充满机会与挑战的互联网信息化时期。在此背景之下，各个国家之间的竞争更加激烈，对创新能力的追求也更加迫切。因此，公共图书馆举办的阅读推广活动，应该以促进公众参与、弘扬人文精神，以及普及全民阅读为主旨，促使每个公民都能够增强自身的创造能力。

第三节　公共图书馆阅读推广规范

随着人们精神追求的不断深化，阅读已成为他们探索世界的绝佳途径。阅读不仅让人们更深刻地理解世界，还激发了他们探索未知领域的热情，有力推动着中华民族的进步。为了促进全民的健康成长，提升人们的文明素养，公共图书馆应当积极投入力量，大力完善公共图书馆服务。作为一个具备众多优势的机构，公共图书馆应当积极主导和参与各种阅读活动，为社会发展贡献自身的力量。

然而，当前公共图书馆的阅读活动仍面临不少挑战，这些挑战在一定程度上阻碍了社会阅读热情的提升。公共图书馆需要正视这些挑战，并积极寻求解决方案，以更好地满足人们的阅读需求，推动社会的文明进步。

为了更好地履行公共图书馆的职责，提升其服务能力，充分发掘和利用其独特的资源，并且加快其转型升级，公共图书馆必须建立一套完整的、系统性的、标准性的、科学性的阅读传播规范。这一规范必须符合国家相关的法律、政策等，能够确保公共图书馆的运营合法合规，并为公共图书馆服务质量的提升提供制度保障。为了促进全民健康发展，应该加强对公共图书馆的阅读推广的管理，以确保其符合国家立法、政策措施、质量标准以及合理的技术支持，逐渐形成一套完备的公共图书馆阅读推广机制。

一、公共图书馆阅读推广规范的必要性

建立一套完善的管理机制，能够确保公共图书馆的文献信息资源得到充分的利用，保障全体公民的阅读、教学、交流及其他各种文化活动，促进经济社会的进步，有利于全体公民获得更多优质的公共文化服务，并且推动终身学习的实现。《公共图书馆宣言》等文件强调，为了更好地满足人们的需求，应当加强对公共图书馆的管理，制定完善的管理制度，以确保人们能够获得更加便捷的阅读体验，并且能够更好地享受到终身学习的乐趣。公共图书馆的资源包括：先进的文化资源管理技术、全面的资源收集与整合系统、宽敞的阅览室、高素质的工作团队以及丰富的资源库。公共图书馆在阅读推广领域拥有独特的优势，并且处于领先地位，因此相关部门应该通过制定相关规范，更好地维护公共图书馆在阅读推广领域的主导地位，并充分发挥其专业和权威的特点。

二、阅读推广规范存在的问题

（一）缺乏专业指导

尽管中国公共图书馆学会以及众多省份的公共图书馆已经组建了阅读宣传团队，但在某些较为偏远的地区，由于缺乏具有针对性的支持和资源，许多人仍未能享受到阅读带来的益处。此外，每个人的阅读习惯都带有一定的主观性和片面性，这导致许多人在选择阅读材料时感到困惑。众多读者都期望能够获取到更为优质的资源，然而在公共图书馆中，他们往往只能漫无目的地浏览，难以筛选出真正符合自己需求的资料。这种情况在一定程度上限制了他们获取知识和享受阅读的乐趣。

（二）缺少完善的评估机制

为了确保阅读活动的有效性与满足读者的需求，必须建立一个专门的阅读调查机构。这个机构将负责对阅读活动的效果进行深入调查和评估，以便公共图书馆能够总结成功的经验，并记录存在的问题。通过这一机构，公共图书馆能够更全面地了解读者的阅读偏好、需求及反馈，从而有针对性地优化阅读服务，提升读者的阅读体验和满意度。

三、公共图书馆阅读推广的技术性规范

（一）应用新媒体技术

随着信息技术的日益普及和人们对数据资源的渴求，公共图书馆的阅读推广工作必须放弃传统的宣传策略，要更多地利用最前沿的科技来提升阅读推广效果。为了更有效地宣传阅读，公共图书馆可以利用新的媒介工具，扩大受众群，采取多样化的宣传方式，提高宣传的有效性。公共图书馆的目标是让更多的人了解并接触丰富的文献资源，从而充分利用这些资源。

（二）制定阅读推广专门法和相关法

2017年，国家新闻出版广电总局发布了《全民阅读促进条例》，其核心宗旨在于深化公众对阅读的认知与参与，进一步推动全民阅读文化的形

成。《中华人民共和国公共图书馆法》的出台，为公众阅读提供了更为坚实的法律保障。该法旨在提升社会大众对阅读的重视程度，通过一系列政策措施为公众阅读提供资源支持。这些政策对从资源分配到服务优化进行了全方位考量，确保公众能够享受到更加优质、便捷的阅读服务。《公共图书馆法》还建立了一套完善的管理机制，包括建立有序的管理流程、建立有力的监督机制、建立完善的考核机制。

（三）完善阅读推广效果评价机制

阅读推广工作务必以科学原则为指导，以实现其效能最大化。为了实现这一目标，公共图书馆须定期对开展的活动进行问卷调查，并深入分析收集到的数据，以便深入洞察读者的真实需求。基于这些数据，公共图书馆能够更精准地制定并执行更有效的推广策略。这些努力不仅有助于公共图书馆深入理解读者的阅读偏好，还能显著提高公共图书馆工作成效，为阅读推广事业的长远发展奠定坚实基础。

（四）形成公共图书馆阅读推广操作规范

为了更有效地进行阅读推广，公共图书馆必须精心构建并严格执行一系列相关的标准和制度。这些标准和制度不仅涵盖项目和过程管理的方方面面，还细化到具体的计划制订、前期准备、定期的宣传活动及执行流程。此外，长期稳定的资金和技术支持是确保阅读推广计划得以顺利实施的关键。为了保证阅读推广工作的高质量和持续成功，公共图书馆必须设定明确的目标，确定严谨的工作流程，并严格遵守相关的法律法规。同时，公共图书馆的工作人员需要提供专业的指导和帮助，确保读者在享受阅读的过程中获得最佳体验。

第四节　公共图书馆的阅读推广机制

本节将探讨如何通过改进政府的资金配置和相关的法律条款来强化公众对于阅读的重视，如何通过建立有效的监督和考核机制来提高相关人员对于阅读推广工作的积极性，以及如何提升公众对于阅读的认可度。

一、建立有效的政府资金支持机构，制定相关的法律条例

（一）政府应该加大对公共图书馆阅读推广的财政投入

不管是大型的公立机构，还是小型的社会团体，其日常的运营和作用的发挥都离不开政府的支持。只有得到充足的财政投入，公共图书馆才能够有效地提供各种服务，比如建立阅览室、提供专业的阅览服务、安装专业的阅览器材、组织文学沙龙、组织文学讲座、组织文艺演出等。因此，政府应当向所有的公共图书馆提供充足的资源，确保它们的日常运营，并且持续提升它们的服务质量和管理水准，从而为它们的推广和发展工作打下扎实的根基。为了进一步促进公众阅读，政府应当向公共图书馆提供特别的资助。这些投入应当具备灵活性和长期性，能够随着发展情况而变化。同时，应当密切关注投入情况，确保投入的合理性和效益。

（二）健全公共图书馆阅读推广的法规体系

为了确保公众的阅读权益得到充分的尊重和保障，政府必须不断加强对公共图书馆的管理，并制定更严谨和完善的法规来指导和促进这一行业的发展。这些法规不仅要确保人们的基本需求得到满足，还要推动公共图书馆提供更多的便捷服务，促进社会的文化进步。鉴于当前法规缺失的现状，政府必须迅速行动，出台具有针对性、实用性的政策措施，并加强立法工作，构建完备的法规体系。这些政策措施应涵盖公共图书馆的规划建设、运营管理、服务提供等各个环节，确保公共图书馆能够在法治化、规范化的轨道上发展。同时，政府还应加大对公共图书馆的投入和支持力度，提升其服务质量和管理水平，让公众能够享受到更加优质、便捷的阅读服务。

二、健全公共图书馆阅读推广的长效机制

为了优化读者的阅读体验，公共图书馆应制定一个稳固且持久的发展策略，以全面推进阅读推广工作。这一策略需要精心规划，确保其流畅实施，同时力求产生广泛而深远的社会效应。通过这一策略，公共图书馆能够更加积极主动地吸引更多的合作伙伴和志愿者，从而更有效地助力公众提升知识素养和文化水平。

（一）设立公共图书馆阅读推广部门

为了确保阅读推广工作的常态化与有效性，公共图书馆应设立专门的

阅读推广部门，并安排专职人员负责策划和实施阅读推广活动。这样可以确保推广活动能够持续、科学地进行，为读者提供持续不断的阅读资源。

此外，公共图书馆还应根据每次阅读推广活动的内容和主题，积极聘请相关领域的专家参与活动并提供专业指导。

（二）加强公共图书馆阅读推广专业人才的培养

为了提升服务质量，公共图书馆需要加强对阅读推广专家的培养。中国公共图书馆学会应承担起这一重要职责，通过提供丰富的学习资源和实践机会，助力公共图书馆提升服务质量，组织多种形式的阅读推广技术培训和研讨会，为公共图书馆的工作人员提供学习和精进专业技能的机会。

（三）加强馆藏资源建设

公共图书馆的馆藏信息资源是其成功开展阅读推广活动的基石，这些资源包括纸质文献和电子文献两大类。纸质文献，作为公共图书馆传统馆藏资源的重要组成部分，涵盖了书籍、期刊、报纸、地图、照片、画册、手稿等多元形式。这些纸质文献以其基本、常见和高使用频率的特点，为广大读者提供了广泛的阅读选择。相较于数字资源，纸质文献的使用门槛相对较低，更加贴近公众的阅读习惯和需求。因此，公共图书馆应持续加强纸质文献资源的建设，以满足广大读者的阅读需求。

同时，随着网络的普及，电子资源在公共图书馆馆藏资源中所占的比重日益增大。电子资源以其使用便捷、占用空间小、容量大、保存时间长等显著优势，成为推广阅读的重要媒介。多样化的电子资源将极大丰富公共图书馆的馆藏，为读者提供更多元化、更高质量的阅读选择。

（四）建立公共图书馆阅读推广的研究机制

阅读推广是一项具有重大学术意义的活动，公共图书馆应该对此进行积极探索和研究。公共图书馆应该建立一个专门的研究机构，定期举办学术研讨会，以便更好地推动阅读推广活动的有效实施。

三、建立和完善公共图书馆阅读活动的监督和考核体系

（一）完善公共图书馆阅读推广的监管机制

为了有效推动公共图书馆阅读推广活动的实施，政府应当构建一个全面且高效的监管体系，以确保这些活动的规范进行。公共图书馆也应加强对这些活动的内部管理，确保信息公开透明，从而减少潜在的负面影响，并防止资源浪费。

政府在监管过程中应特别关注关键领域，比如活动的规划、执行以及效果评估，以确保活动的高质量和强影响力。同时，政府应严格控制专项资金的分配和使用，确保专项资金用于阅读推广活动，避免资金的滥用或挪用。

这样的监管机制能够确保公共图书馆的阅读推广活动得以健康、有序地发展，从而为广大读者提供更优质、更丰富的阅读资源和体验。

（二）建立公共图书馆阅读推广的评价机制

为了更有效地推动公众阅读，构建一个健全的评估体系至关重要。该体系将依据明确的标准，精准评判阅读宣传工作的质量。在宣传活动结束后，公开展示工作成果，并欢迎来自各方的宝贵意见和建议。同时，公共图书馆要积极与社会各界沟通交流，以得到更广泛的支持和指导，进一步优化宣传工作。通过系统性、细致的审查，公共图书馆能够清晰了解在阅读推广中所投入的资源，包括时间、精力、资金、设备以及合作伙伴关系等。这样的评估不仅有助于公共图书馆识别存在的问题，还能为未来的阅读宣传工作提供有力的指导。为了持续衡量阅读推广的成效，公共图书馆应定期进行评估，这可能涉及月度、季度或年度等评估。

四、改善公共图书馆的阅读氛围，提升服务水平

（一）营造良好的阅读环境

创建一个舒适的阅读环境对于激发人们的学习热情和提升文化素养至关重要。因此，公共图书馆应将营造一个适宜人们学习和探索的空间作为首要任务。不仅如此，图书馆还应精心设计室内外区域，让人们在感受文化魅力的同时，提高自身的文化素养。在拥有丰富历史背景和独特风格的城市中，公共图书馆的设计应既符合现代审美，又融入社会发展理念，营造出一个舒适、安全、温馨的阅读环境，让每一位读者都能在此获得最佳的阅读体验，促进身心健康。

为了进一步提升公众的文明素养，建议在公共图书馆周边实施绿化工程，种植大量树木。这不仅能有效减少灰尘和噪声污染，改善室内空气质量，还能为读者提供一个充满生机和乐趣的学习与休闲环境。

作为文化交流的重要平台，公共图书馆在促进公众文明素养提升方面扮演着关键角色。为了使公共图书馆更加人性化，建议采取以下措施：安装无障碍电梯、扶手和专用通道，以便残障人士轻松进出；规范分类存储各种资料和工具，确保读者能够高效检索和使用；设置一些电子产品，如电子游戏机、电子音箱、电子相册和电子阅报机等，为读者提供多样化的阅读和学习选择，让他们在安静、舒适、清新的环境中享受阅读的乐趣。

（二）完善基层公共图书馆的基础设施建设

随着时代的快速进步和社会的不断发展，我国基层公共图书馆的数量也呈现出稳步增长的态势。这些公共图书馆在社区中扮演着普及知识、提升公众素养的重要角色。

为了更好地满足社会的需求，公共图书馆需要持续完善基础设施建设，使其更加完备、先进、便捷和全面。具体而言，公共图书馆应注重建立和维护现代化的书库（室），提升藏书管理和借阅效率；同时，设立流动图书馆，为偏远地区或特定群体提供便捷的图书借阅服务。

为了促进公共图书馆的全面发展，公共图书馆应特别关注与农家书店的合作。通过与农家书屋的合作，公共图书馆可以为农村地区的居民提供更多信息和咨询服务，从而构建一个更为全面、覆盖面更广的公共图书馆服务体系。

此外，公共图书馆还需积极发展数字化阅读和公共服务。通过实施文化共享、建设数字基层公共图书馆和公共电子阅览室等规划，数字化阅读服务能够得到有效普及，让更多人享受到便捷、高效的阅读体验。

第七章　公共图书馆阅读推广创新研究

第一节　区域公共图书馆阅读推广

随着公众阅读需求的持续增长，地方政府一直积极寻求途径，提升公共图书馆的服务质量。本章将深入探讨地方政府、企业以及教育机构在阅读推广方面所采取的策略，并讨论这些策略带来的影响。

一、区域公共图书馆阅读推广的现状

（一）区域公共图书馆阅读推广的总体情况

这里的"区域"指的是不同地理位置的"区域"，这些地理位置涵盖了各个地级市，以及它们的管理范围。此外，此"区域"也涵盖了各种类型的"区域"，包含一般高等学校、军事学院、党校等，以及一些特定的"区域"。

为了满足不同人群的阅读需求，公共图书馆精心策划了丰富多样的阅读活动。这些活动包括：拓宽服务领域、创建新颖的阅读空间、组织丰富多彩的互动活动、提供电子音像资料的观看机会、提供在线学习课程和咨询服务。

（二）区域公共图书馆阅读推广的成效与不足

"全民阅读"是政府出台的一项具有里程碑意义的政策，旨在促进社会的发展，普及文化知识，激发人们的精神活力，促进社会进步。因此，公共图书馆要积极采取各种有效的手段，满足各种社会需求，努力营造良好的阅读氛围。随着时代的发展，许多城市已经建立起一个完善的、覆盖各个社区的、由公众参与的、具有较强社会影响力和较强社会责任感的全民阅读公共服务体系。其中，各类书籍的发行、展示、宣传、教育等都取得了长足的进步，使得教育机构、社会团体等都能够发挥其重要的作用，促进社会的发展。

尽管各级政府已把提高群众的文化素养放进了战略目标中，并且把这项任务纳入了当前的社会发展规划，但是仍存在许多问题，例如，公共图书馆之间的信息交流仍存在障碍，缺乏持久的联系和有效的协调，这些都是影响群众文化素养提升的重要障碍。尽管馆际间可能会进行短期的合作，但这种合作往往不能覆盖整个地区，而且由于受到地域的制约，这些阅读推广活动往往因地点、场地、人员等因素的限制而变得单调乏味。

二、区域阅读推广协同创新的必要性

（一）阅读推广的社会化需要多方协同

为了提升公众的阅读体验，公共图书馆需要携手各方合作伙伴，发挥各自的优势，共同开拓一条创新、高效的阅读推广道路。显然，阅读知识的宣传和普及是一项复杂而重要的社会文化工程，需要社会各界的共同努力，公共图书馆在其中扮演着至关重要的角色。公共图书馆要持续实施阅读推广，让阅读成为每个人生活中不可或缺的一部分。

（二）阅读需求的多样化需要多方合作

随着全球范围内阅读热潮的兴起，人类对科学知识的渴求日益强烈。当代科学技术的发展不仅依赖人类的智慧、创造性和想象力，更要求人们深入掌握和灵活运用科学知识。因此，教育的重塑与转型，特别是提高学习者的阅读能力，已成为当前教育领域的首要任务。为将阅读提升至一种全新的教育观，需要汇聚各界专家、志愿者、企业、社区组织、社会团体及个人的力量，充分利用各种信息资源，打破传统教育模式的束缚，推动真正的阅读革命。随着社会的进步，人们的阅读需求越来越多元化，单一的图书馆往往难以满足这一需求。因此，加强图书馆之间的合作，共享优质的学术资源，成为一种必然选择。与此同时，数字阅读的迅速普及正深刻改变着人们的阅读方式和生活方式。它不仅极大地丰富了人们的文化生活，也提供了更为便捷、高效的阅读体验。公共图书馆作为文化传承和普及的重要机构，应当积极参与到这一变革中，与当地的其他机构建立更紧密的合作关系，共同为读者提供更加丰富、更有价值的数字阅读服务。

三、区域阅读推广协同创新的举措

（一）协同设计阅读推广的服务方案

1. 制订并有效执行常规阅读推广计划

近年来，随着社会的进步，公共图书馆的阅读活动日益丰富。这些活动的内容和形式不断改进，逐步成为一种普遍的文化活动。因此，"一馆思维"应该作为公共图书馆的主题，努力把地方的公共图书馆建设成一个普及文化的重要场所。为了更好地满足人们的需求，公共图书馆需要制定具有针对性和长期发展潜力的阅读推广活动方案，并且积极开拓新的渠道，包括与学校、媒体和社会组织保持密切联系，以便吸引更多的人参与活动。此外，公共图书馆还要组织一些特定的阅读活动，比如科普宣传、学习讨论、传统文化、名人演讲、"你选书我买单"等，让广大群众获得更好的服务。

2. 联合制订一系列大型阅读节活动计划

当前，许多城市和地方政府正在积极组织形式多样的读书活动。这些读书活动旨在通过"书香家园""书香学校""书香机构""书香社会"和其他相关的读书活动来提升人们的阅读水平。特别值得一提的是，在当前的情况下，公共图书馆已经成为读书活动的核心阵地。

为了确保这些活动能够成功实施并产生广泛影响，所有参与机构都有责任为系列活动的计划提供支持，这个计划必须具有普遍适用的特点，并且能够满足不同年龄段人群的需求。为了实施这个计划，建议围绕一个统一的主题开展活动，并且鼓励不同的机构携手努力，共同推进全民阅读。

（二）携手创新阅读推广的服务方式

1.搭建线上线下协同的互动阅读体系

随着科技的进步，移动公共图书馆的出现和发展使得在线阅读变得越来越普遍。多年来的实践表明，将在线和离线的功能融为一体，能更好地提升公共图书馆的知名度，并且能够有效地吸引更多的用户。为了增强当地的文化氛围，区域公共图书馆应采取综合性的方法，将传统的阅览和借阅活动与网络技术相融合，构建全面的文化交流体系，使得越来越多的人能够进入这个大型的文化交流网络，从而实现文化的传播和交流。

公共图书馆正努力进行重大改造，致力于构筑一个跨学科的、多功能的微服务子平台，使得学生能够轻松地在这个平台上查看各种学科的信息，使用各种服务，从而省去了跨平台搜索带来的麻烦。

2.打造多方合作的体验式阅读

体验式阅读现已成为一种全新的阅读形式，不仅改变了传统的阅读模式，还促进了人与人之间的学习和沟通。为此，各级政府和企业应该大力推动体验式阅读的发展，通过各种形式的宣传和服务，为人们提供更优质的服务。

近年来，许多城市都开始采用这种新的阅读推广方法。其中，有些城市更是引入了先进的技术，比如朗读亭，它不仅可以提供丰富的阅读内容，并且融合了音频、视频、演说、培训等多种元素。

3.拓展智能协同的阅读新空间

21世纪的公共图书馆已经迈入一个全新的阶段，它们不仅要实现智能化和智慧化，还要利用最新的科学技术，提供更加便捷的服务，以满足人们不断增长的阅读需求。"24小时自助公共图书馆"就是一个很好的例子，它的出现让更多的人可以轻松获取知识。

24小时自助公共图书馆可以说是一种全面的阅读推广服务，它的发展潜力巨大。它具有广阔的拓展空间，从而能够更好地满足人们的需求。此外，它可以拓展其在各区域的影响力，尤其是在高等院校、中小学等。

为了促进当下教育水平的提高，公共图书馆之间应该积极开展交流和合作，将"城市书房"等先进的智慧型阅读体验带入校园，为当地的教育机构和学生提供优质的阅读环境。同时，应该积极推动数字阅读的发展，将科技和传统的文献融为一体，以满足当下不同的阅读需求，并为公众提供丰富的文献资源。

（三）协同建设阅读推广的服务内容

1.认识阅读服务内容建设的重要性

通过读书，人们可以拓展知识面，从而更好地利用各种多媒体工具，如纸质书籍、电子书、影像资料，来促进学业的进步。此外，公共图书馆也要努力帮助人们提升阅读技巧，让他们养成正确的读书习惯，并为他们创造良性的读书氛围。随着科技的快速发展，人类的阅读体验发生了巨大的转变，从过去的纸质文献转向网络文献，特别是在互联网上，人们可以利用多种形式来快速、方便地阅读。随着"文化消费走向生活化，生活消费走向文化"这一趋势的出现，越来越多的人开始把读书当作一种追求自身价值观、满足精神需求的方式。为了提高区域公共图书馆的服务水平，公共图书馆必须充分理解并满足不同类型的用户的读书需求，从而提供优质的阅读推广服务。

2. 协同打造阅读活动的内容与服务

在相似的环境中，各种类型的公共图书馆都可以为人们提供各种各样的阅读资源和服务。为了促进当地的文化发展，区域公共图书馆应该通过各种途径和平台来促进相互之间的合作和交流，并成为彼此的长期合作伙伴。在当今的数字化时代，公共图书馆必须采取措施来满足人们在网络空间中的信息需求。可以借助于阅读推广协同平台，拓宽我们的服务领域，并与当地的"共享系统"杂志等机构进行合作，以提供更多的服务。这样，公共图书馆就可以让更多的读者在线查看数字化资料，并且让更多的教育机构能够提供优秀的教育服务。为了更好地普及阅读，大型和小型公共图书馆可以举办各种类型的活动，例如专题演讲和课外活动。还建议在大型公共图书馆里邀请专业的阅读指导人员，为读者提供个性化的阅读指导，以帮助更多的人获得更好的阅读体验。

（四）建立多元化的阅读推广协同机制

"协同创新"理念的提出，是我国全民阅读的一个重要里程碑。要想真正落实"协同创新"，必须打破传统的认知模式，以创新的思维方式推动全民阅读的实施。

为了促进全面的阅读推广，应当加强不同领域的合作和衔接，包括但不限于学校、书店、出版社等，形成多元化的、有力的联盟，实现全面的、有序的、可持续的发展，最终营造一个充满活力的、有益的阅读互助环境。为了促进国家的文化发展，各级政府应该采取措施，包括制定完善的文化发展战略、出台有效的文化发展法律法规，并且在经济上给予更多的支持。

为了促进全民阅读走向深入，应该在政府、学校、企业等多方面实施有效的阅读促进计划。其中，学校作为教育的基础部门，应该积极参与阅读促进活动，为全民提供良好的学习环境。地方政府也要积极参与各种活动，也可以开发一些全新的阅读推广方法，来促进文化交流。

建立一个囊括政府、企业、学校的联盟体系也有助于阅读推广。在这个联盟中，各个公共图书馆通过彼此的协同，为公众提供一个更加全面、多元的阅读环境，共同促进阅读推广的进行。

第二节 利用新媒介促进公共图书馆阅读推广

"媒介融合"标志着媒介行业的跨界整合，它的强劲发展势头引起了全球的关注。"媒介融合"出版使得人们的阅读方式得以改变，他们的选择范围由印刷版的书籍扩展至各种各样的内容，包括音频、模拟、数字和多媒体等。随着社会的进步，人们的阅读习惯、思考方法和审美观念都在不断升级进化。公共图书馆应该充分利用这一机遇，充分挖掘它的潜力，以便在更多的领域实现全民阅读。

一、利用新媒介开展阅读推广的特点

（一）移动性强

通过使用智能设备，如智能手机，人们能够更有效地进行阅读和推广。这种方式不仅极大地改善了信息的流通速度，还使得阅读和推广变得更加便捷。利用智能设备，如智能电视、智能应用软件等，可以有效地将信息传播给更多的人，从而拓宽阅读的覆盖面，并且极大地促进信息的流通，从而让新兴的媒体技术能够更好地满足不同的用户需求，并且极大地提升信息的共享性。

（二）富有个性化

在当今这个网络飞速发展的时代，人们不再受限于传统的阅读方式，而是拥有了更多的自由和机会。凭借信息技术，人类可以更加便捷地获取自己感兴趣的内容，并且在搜索过程中，信息技术还可以记录用户的需求和偏好。经过精确的分析，数字系统可以更好地理解目标受众的偏好，更加精确地向他们推荐喜欢的信息，从而更好地满足他们的个性化需求。

（三）交流互动活跃

通过新媒体，人们能够更加有效地接触和分享信息，从而提升阅读体验。此外，通过参加社区活动，人们还能够更加深入地理解和探讨不同的观点，从而更有效地将信息传达给更多的人。社区活动不仅加深了人们之间的交流与理解，还为人们构建和扩展新的社交网络提供了契机，从而进一步拓宽了个人的知识视野。在社区里，人们可以自由地沟通、讨论、创作和传递信息，形成了一种积极、开放、包容的文化氛围。

二、公共图书馆阅读推广在新的媒体环境中面临的机会和挑战

（一）读者获取信息和知识的方式变得越来越多样化

近年来，信息科学的飞速发展使得当代人拥有了多种多样的途径来获取知识和了解世界。新型读物成为读书教学模式的一种新用具。这些新型读物不仅包括互联网书籍和电子阅读器书籍，还包括通过手机、平板电脑等智能设备进行阅读的书籍。

随着新型媒体的出现，中国读者对传统公共图书馆的依赖程度明显下

降。与此同时，分布式数据库支撑的互联网虚拟公共图书馆正逐渐发挥核心作用，这种公共图书馆让学生即便在家中也能通过移动阅读设备轻松获取所需信息。

科技的发展使得公共图书馆面临一个重要任务：在不同渠道和平台上为大众提供更优质的阅读体验。

（二）读者对公共图书馆的服务提出了更高、更深层次的要求

近年来，由于信息科技的飞快进步，公共图书馆的资源结构也在不断调整。目前，这些资源的采购方式已经由原始采购转向资源授权，并且在很大程度上取决于使用者的意愿。由于人们的阅读习惯日益丰富，在进行资源建设时，公共图书馆必须牢记以读者为中心的原则。尽管新媒体技术对公共图书馆的阅读活动构成了巨大的威胁，但又为公共图书馆业务的持续改进、完善及发展创造了史无前例的机会。通过采取开放性的方法，公共图书馆不仅可以扩大其服务覆盖面，还可以探索出全新的服务方案，从而促进其业务的持续增长。

三、利用新媒介进行阅读推广的策略

（一）提升工作人员能力与强化部门整合相结合

"一专多能"不仅要求公共图书馆工作人员拥有精湛的文字表达技巧，还要求他们拥有基本的摄影、摄像、音视频后期处理技能，以满足媒介融合背景下的阅读推广需求。为了实现这一目标，公共图书馆和宣传部门之

间要加强协作，以提高阅读推广的效果。由于两个部门的内容、宣传重点、报道形式以及用稿要求相似，因此可以将它们结合起来，成立一支后台编辑团队，以实现统一的策划、整合、推广和营销。

（二）组织丰富的新媒介阅读活动

为了更好地促进公共图书馆阅读活动的开展，建议成立一些新型的阅读活动团队，如读书指南小组、书迷俱乐部、书迷协会等。这些团队将会对新型读书项目进行监督与指导，并与其他机构合作，共同举办一系列有益的讨论会。此外，公共图书馆还要不断邀请专业人士为公众进行培训，帮助公众更好地理解并使用公共图书馆的馆藏资源。为了进一步提高公众的文化修养，公共图书馆应组织多种多样的阅读活动，如阅读竞赛、共享作品、推荐优秀作家，并通过这些社会活动激发公众的阅读兴趣。

（三）建立学科馆员制度，提高服务深度

"学科馆员"通常被定义为那些专注于提供专门的、针对特定领域信息的图书馆工作人员。为了更好地促进新媒体的普及，公共图书馆的学术馆与相关的高校应密切合作，尽力为师生提供更多和更有价值的信息。公共图书馆的工作人员要采取"主动出击"的策略，积极与相关的高校沟通，为高校的学生提供更多的信息来源，并为他们提供更优质的阅读体验。公共图书馆的工作人员还要积极参与各种活动，为社会提供更多的信息来源，并为社会发展做出更多的贡献。

（四）重视多样化的新媒体阅读推广体系

为了更好地满足读者的需求，公共图书馆应该利用不同的新兴媒体为读者提供丰富的信息。例如，公共图书馆的微信公众号可以发布馆藏信息、推送消息提醒、提供书籍检索服务、推荐优秀的资源以及最近的在线课程。此外，还可以利用现代技术和工具来提升读书效率。例如，微信读书会等平台提供了一个便捷的在线读书环境，读者不再需要进入图书馆或者书店读书，也不必担心会有任何麻烦。

在当今这个快节奏的社会，公共图书馆需要不断引入最先进的技术，以便在各种不同的场景中为读者提供优质的服务。

第三节 "互联网+"时代公共图书馆阅读推广

"互联网+"的出现改变了人们的日常生活，特别是在公共图书馆领域。为应对这些改变，公共图书馆必须综合运用各种信息技术，并加强对阅读模式、资源的评估与监督，从而更好地实现互联网的价值。

一、"互联网+"概述

"互联网+"代表了一种全面的、跨越时空的、跨越界限的综合性解决方案，它将互联网、传统行业、现代科学、数字经济等有机结合，利用互联网搭建一座桥梁，将两种行业的优点有机结合，实现"+"的效果，最终实现跨界融合，创造出全新的、具有前瞻性的产品与服务。"互联网+"促进了当今社会的重大转型，它不仅为不同的领域提供了全面的发展之道，而且为企业提供了一种全面的解决方案，以适应当今日益复杂的市场环境。"互联网+"为公共图书馆提供了一种全面的解决方案，它不仅使公共图书馆的服务更加完善，而且使公共图书馆的发展更加符合当今的技术、经济、文化等多方面的发展趋势。

二、"互联网+"时代阅读模式的转变

随着"互联网+"时代的到来，人们的阅读习惯发生了巨大的变化，公共图书馆的日常管理工作必须跟上这种变化，以实现创新性的发展和提升。

第一，随着虚拟现实技术与互联网的发展，互联网信息化科学技术取得了巨大的进步，使得人们可以更便捷地获取到各种有价值的信息。特别是新媒体的迅速崛起，使得信息的传输方式、内容及流通速率均有显著的提高。由于"互联网＋"的出现，人们可以通过各种智能设备来获取更多的知识，这大大改变了以往的信息传播模式。因为时代的发展，阅读的范围不断拓宽，从而丰富了人们获取知识的途径。通过对单一的获取途径进行整合，并且完善相关的管理机制，人们可以创造出完备的、高质量的信息传播媒介。这样，人们不仅可以方便地获取各种文献，而且可以提高获取速率，从而提升阅读水准。

第二，由于新一代科学技术的飞速进步，传统的读书模式受到巨大的挑战，特别是从读书方法到读书习惯的不断演进，为当今的阅读环境带来了巨大的变革。近年来，随着新媒体的普及，利用智能设备，如电脑、智能手机等读书形式逐步取代了传统的纸质文本、杂志、报纸等读书形式。这种改变不仅让人们的生活更便捷，还让人们的思维能力发生了巨大的提升。随着读书方法的改革，人们的阅读体验也在不断优化。

第三，"互联网＋"模式的推行大大提升了阅读效率，它为用户带来了全新的阅读体验，让他们能够轻松地获得高质量的内容，从而吸引了越来越多的用户。智能设备，如手机、平板电脑、笔记本电脑，已经成为人们生活的重要组成部分，它们所带来的差异性阅读服务，使得人们能够随时随地获取信息，同时，借助互联网，人们能够将各种资讯进行有效的连接，从而使得资讯的传播变得更快、更有效，这样一来，就能够满足消费者的需求，同时，还能促进资讯的共享与传播。因此，公共图书馆应该重视通过设计和运营一套有针对性的阅读机制来满足当代社会的需求，同时应该给大众提供一种更具有人文关怀和个性特色的阅读服务，以确保公共图书馆的宣传活动取得良好的成绩。

三、"互联网＋"时代和公共图书馆阅读推广之间的关系

随着科学技术的发展，公共图书馆不仅将传统的纸质阅读资料转换为可供用户快速获取的数字版资料，而且将其转换为可以通过互联网快速访问、搜寻、浏览的形式，以便更高效地满足人们的需求。人们对数字资源的需求日益提高，因此，公共图书馆必须加强对现代信息技术的掌握，并进一步提升它的功能。因此，应该把互联网与公共图书馆的宣传活动紧密结合起来，营造一个有利的交流环境，使得各种类型的读者都能够获得满意的文献和信息等内容。

随着"互联网＋"模式的出现，为了更快更好地适应当今的社交环境，公共图书馆应该采取有效措施，利用现代技术，实现读书的多样化，包括实现与个人笔记本电脑、手机、电子阅读器的无缝连接，提供更具互动性、更智能的读书咨询服务，从而更好地满足读者的阅览需要，并且提升读书管理的效率与分析的准确性。为了有效地促进阅读推广，公共图书馆应该利用互联网技术来提高其信息收集与整合效率。通过利用多种媒体渠

道，公共图书馆可以很好地进行阅览信息的推广与宣传，并提高整体的服务水平。

四、公共图书馆阅读活动正在大力推广"互联网+"

（一）改变公共图书馆的阅读推广形式

在"互联网+"时代，为了显著提高公共图书馆的阅读推广水平，必须建立一套完善、有效的网络管理机制，并充分整合各类资源，以实现最佳的服务效果。

此外，作为一个负责传播知识的场所，公共图书馆应该积极利用现代新媒体进行宣传和运营，通过整合网络、移动设备、社区等多种渠道，构筑一个完善的、可持续的、多元的阅读体验与服务模式。

（二）提倡"个性化"阅读推广机制

在"互联网+"时代，满足消费者的个性化需求已经成为行业发展的核心。因此，为了更好地推动公共图书馆阅读活动的开展，公共图书馆应该充分考虑个体差异和不同的阅读需求，并努力提升用户体验。

在推广阅读的过程中，公共图书馆应该把读者的基本需求和阅读体验放在首位，并且着眼于个性化阅读。这样，公共图书馆才能满足读者不同的需求，并为阅读服务项目提供保障。为了满足不同读者的阅读需求，公共图书馆根据他们的兴趣、阅读习惯和关注的焦点，提供个性化的阅读资源和服务，以确保阅读的有效性及其基本需求。

第一，在"互联网+"环境中，公共图书馆将通过大数据分析，在经过读者同意后，收集读者的个人信息，包括年龄、学历、职业背景等，并将这些数据用于推荐适合他们的阅读内容。

第二，通过建立大数据分析机制，公共图书馆可以精准地收集读者的停留时间、关注焦点等信息，并且根据这些信息，制定出有针对性的阅读推送管理方案，从而更好地提取信息，并且通过实施微阅读机制，更加准确地分析出读者的兴趣偏好，从而更好地维护群体推广机制。

第三，通过应用数据处理技术，公共图书馆可以准确识别出能被有效利用的资源和闲置的资源，并进行全面的阅读需求分析，从而制定出有针对性的资源整合和优化方案，以确保阅读推广的有效性。

随着社交媒体的发展，越来越多的人开始使用微信公众号、微博等平台，这些平台上汇集了大量权威的书评和精彩片段，既满足了读者的阅读需求，又能够引导他们进行有针对性的阅读。此外，"听书"软件也可以作为一种有效的公共图书馆信息传播工具，公共图书馆可以将文字内容转换成音频资料，有效地整合资源体系，为读者提供全新的阅读体验和推广服务。

通过组织"年度最受欢迎的十本书"等一系列活动，公共图书馆既能够将其内部的资源与服务结合在一起，又能够将馆内资源进行系统性的宣传，从而提升其内部信息的覆盖率。同时，通过采用新的宣传方式与管理技术，公共图书馆还能够在阅读与公众之间架设一座桥梁，使阅读活动变得更富有现实意义，并且扩大了自身的影响力。

（三）拓展渠道多样化

随着科技的进步，"互联网＋"已经被纳入各种阅读活动之中，用来满足读者的需求。这种跨界的阅读方式，使得"互联网＋"在当今的社会环境下得到了更广泛的普及。

"互联网＋"模式的出现为公共图书馆的开放性需求提供了强大的支撑，二者能够在更加开放、高效的环境中进行融合，此外，还可以将"互联网＋"与公共图书馆的战略体系整合起来，从而确保公共图书馆服务的主动性和有效性。

为了更好地为读者提供满意的阅读体验，公共图书馆可以与各类机构展开深度合作，比如与物流企业建立长期的战略伙伴关系，为读者提供快速、便捷的送货到家服务，并实现通借通还。通过与各行业的合作，公共图书馆既可以成为项目的推手，又可以成为各行业重要的客户。通过构建一个综合性的资源库，公共图书馆可以更好地满足各类人群的需求，并且有效地激发他们的阅读热情。

为了满足人们的学习和休闲需求，公共图书馆在人群密度较高的交通枢纽，比如火车站、超市和文化街安装了电子阅读设备。通过使用这些设备，人们可以轻松获取到丰富的信息。在跨领域合作的协作框架内，公共图书馆应该根据具体的情况和需求，对数据进行综合的分析与组织，以满足不断变化的信息传输需求，建立一套高效的空间管控机制，以便让用户可以利用零散的时间来获取知识。

（四）建立"互联网+"阅读推广路径

"互联网+"与公共图书馆相融合的成功之道在于要将"互联网+"独特的优点融入公共图书管理的阅读推广计划之中。为了达到这一目的，公共图书馆需要综合运用各种营销策略，并确保所有的宣传内容都是完备的。这种方法不仅可以增加读者的兴趣，还可以使公共图书馆保持良好的影响力。

从另一个角度来看，公共图书馆可以利用微博等新兴媒体更好地进行阅读推广。微博是一个容易获取，且提供免费的分享、交流平台的公共媒体，用户可以通过它来获取有价值的内容，并且可以通过评论、转发来提高交流的有效性。将信息进行有机结合，加快传播的进程，不仅能够满足公众的实际需要，还为更好地宣传普及打下了良好的基础。此外，当地的公共图书馆可以利用微博举行书籍展览、讨论会、读者投票等，进一步提升宣传的有效性，扩大覆盖范围。

此外，公共图书馆应该开设微信公众号，并进行有效的消息推送，确保主界面提供可用的关键字搜索功能，并设置导航式菜单。这种推广方式不仅有助于提升读者的阅读体验，还可以更好地将公众图书馆的资源进行有序的整合，从而实现公共图书馆微信推广的全局性目标。

随着"互联网+"的出现，公共图书馆应当结合阅读效率与管理需求，打造一个以阅读为核心的、普及性强的全民阅读体系，以此来不断提升社会的文化素养。在"互联网＋"的大环境中，公共图书馆应该努力把握当今的阅读趋势及各种不断发展的新型阅读方式，与不断发展的多元文化相结合，让阅读成为人们的一种习惯。

第八章　公共图书馆的读者推广与利用

第一节　公共图书馆阅读推广模式

公共图书馆作为传统社会中社会知识的主要保存地和集散地，对阅读的巨大作用和意义难以估量。从某种程度上说，公共图书馆是为了阅读而存在的，而阅读也因为有了公共图书馆而得以持续和丰富。

当前，我们处于一个信息爆炸的时代，人类的阅读习惯受到了巨大的影响。不同的信息源、不同的受众、不同的文本类型以及不同的文本尺寸都导致了人们阅读习惯的改变。在当今的世界中，公共图书馆必须进行改革，既要保存并传承历史上宝贵的文献，作为传统阅读的基础，又要积极利用新的 IT 技术，对自己的存在进行推广和普及。目前，互联网、移动网络和各种社交媒体，都给公共图书馆提供了新的发展机遇，公共图书馆应发挥其独特的优势，结合各种新兴 IT 技术，促进信息的流通和普及。

一、阅读推广理念

阅读推广能够更好地促进信息的流通，这是传播学的基础知识。美国学者哈罗德·拉斯韦尔提出的 5W 模式理论被认为可以帮助人们更好地理解传递的五大要素：Who（谁）Says What（说了什么）in Which Channel（通过什么渠道）to Whom（对谁）with What Effect（有什么效果）。这一理论既可作为许多传播模式的理论依据，又可作为一种有效的方法，帮助人们更好地理解公共图书馆的阅读推广。

按照传播学原则，所有的宣传活动都需要经过精心策划和安排，将宣传主体、受众、宣传渠道、宣传工具等元素有机地融在一起，从而实现宣传效果，包括实现经验共享、提高精神文化水平、获取有价值信息、提高身心愉悦感。

二、阅读推广模式及案例

（一）社会化媒体推广模式

近年来，社交网络被广泛运用到了公共图书馆的服务中，比如清华大学的清华大学图书馆俱乐部—清华大学图书馆校友会，以及其他各种社交网络服务，以更好地宣传图书馆的理念。"社会化媒体推广模式"是一种将信息传播和知识传播结合在一起的方法，这种模式旨在通过使用微博等社交媒介来宣传和传播信息。以下将通过一个具有代表性的案例，来探讨这种方法在"社会化媒体推广模式"中的应用。

2011 年 4 月，首都图书馆将"分享阅读"系列阅读推广活动之一的"图书交换大集"活动搬上了微博平台，并且在新浪微博中创建了"首都图书馆图书交换大集"的"微活动"。首都图书馆和活动参与者利用微博平台互动与呼应，不断发布与上传活动的文字与图像等。据统计，有关"图书交换大集"的博文共发布 238 条。而这期间，首都图书馆的微博"粉丝"人数也从不到 1000 人迅速飙升到 20 000 多人。

通过微博、豆瓣网、同城网等多种社交媒体平台，首都图书馆积极发起宣传活动，并且实施同步推广，截至 2011 年 4 月 22 日，已有超过 350 名读者获得了 3000 册图书资料。

2011 年 4 月 23 日当天，首都图书馆接受的交换书籍数量达 6000 余册，而且有 1000 名读者报名，《中国民族报》《中国青年报》《北京日报》和《中华读书报》等多家新闻媒体纷纷报道。

首都图书馆积极利用新媒体渠道，如微博，来拓展其影响力，以改变人们对其的印象，吸引更多的年轻一代。

"图书交换大集"的圆满落幕，不仅体现了公共图书馆对微博、微信、豆瓣、知乎等社交媒介的有效运用，还标志着一种全新且行之有效的图书传播模式应运而生，即图书馆作为传播的核心，微博作为传播的渠道，读者作为传播的受众。在这种模式下，公共图书馆的工作人员通常负责宣传，而网友则成为受众。通过使用社交媒介，公共图书馆的工作人员可以向大众传播书籍、阅读信息与提供服务，并取得了良好的效果。

（二）电子阅读器借阅模式

根据中国新闻出版研究院的数据，2023 年，我国成年国民人均纸质图书阅读量为 4.75 本，人均电子书阅读量为 3.40 本。2023 年，有 78.3%

的成年国民进行过手机阅读，较 2022 年的 77.8% 增长了 0.5 个百分点；70.6% 的成年国民通过电脑端进行网络在线阅读，较 2022 年的 71.5% 下降了 0.9 个百分点；25.3% 的成年国民在电子阅读器上阅读，比 2022 年的 26.8% 减少了 1.5 个百分点；22.5% 的成年国民使用 Pad（平板电脑）进行阅读，较 2022 年的 21.3% 增长了 1.2 个百分点。2023 年我国成年国民电子书阅读量上升，一成左右的人年均阅读十本书及以上。从成年国民对各类出版物阅读量的考察看，2023 年我国成年国民人均纸质图书阅读量为 4.75 本，略低于 2022 年的 4.78 本。人均电子书阅读量为 3.40 本，高于 2022 年的 3.33 本。在数字化媒介中，成年国民人均每天手机接触时间最长。2023 年我国成年国民人均每天手机接触时长为 106.52 分钟，比 2022 年的 105.23 分钟增加了 1.29 分钟；人均每天通过电脑端网络在线阅读时长为 65.14 分钟，较 2022 年的 66.58 分钟减少了 1.44 分钟；人均每天电子阅读器阅读时长为 10.33 分钟，略低于 2022 年的 10.65 分钟；人均每天 Pad（平板电脑）阅读时长为 9.11 分钟，高于 2022 年的 8.79 分钟。

公共图书馆提供电子阅读器借阅服务，旨在吸引并帮助那些拥有阅览证的读者，使他们有机会体验数字阅读，进而提高他们的信息素养。通过提供电子阅读器的外借服务，公共图书馆可以更好地帮助读者探索阅读的乐趣，并且可以帮助一些贫困读者获得更多的阅读资源。这种创新的阅读推广模式打破了以往阅读器的限制，让读者可以更轻松地获取更多的信息。

电子阅读器的外借服务在公共图书馆界曾引发过激烈的讨论，但如今它已经成为许多公共图书馆的标配，并且受到广泛的认可。尽管这种方案已经被广泛使用，但它仍然面临着一些挑战。例如，受资金或资源限制，许多公共图书馆难以从市场上获得足够的电子阅读器，这导致市场上出现了各种各样的产品，品质参差不齐。除此之外，数字版权的保护和管控也是一个重要的课题。

（三）移动公共图书馆推广模式

"电子阅读器借阅模式"衍生出了一个全新的公共图书馆服务方式，即"移动公共图书馆推广模式"，就是利用各种移动终端，如 Kindle、iPad、Mp3/Mp4、手机等，来推广馆内各种资源。然而，"移动公共图书馆推广模式"更加强调数字化内容，而非仅仅依靠传统的阅读器，这种模式更多地强调将信息传播到更广人群，从而实现更大范围的宣传。移动公共图书馆可以通过与其他媒体和技术的结合，为公众提供更多的知识和信息。这将成为未来公共图书馆的重点发展方向。

首都图书馆大兴机场分馆位于大兴机场航站楼，拥有 1 万余册馆藏文献。这里不仅仅是一个图书馆，还是一个为航空旅客提供便利服务的重要场所。大兴机场分馆拥有宽敞的阅览区域，适合各种年龄段的乘客，并且该馆提供完善的移动图书馆服务。乘客可以选择使用大兴机场分馆的自助借阅机进行图书借阅。大兴机场分馆利用移动终端提供"移动借阅"和"预约还书"服务。"移动借阅"服务指的是在大兴机场分馆开放的服务空间中，读者使用手机移动应用扫描书籍的馆藏条形码即可完成文献的借阅；"预约还书"服务就是在快递服务的指定范围内，读者可通过手机移动应用进行还书预约，快递员根据预约订单上门收取文献并将文献快递回指定地点进行还书。

（四）基于网络读者活动的阅读推广模式

随着科技的蓬勃发展，数字化阅读已经对人们的生活方式产生了深远的影响。尽管公共图书馆拥有许多便捷的服务和丰富的资源，但由于缺乏良好的宣传和推广，许多宝贵的资源并未被充分利用，导致大量的信息的浪费和滥用。公共图书馆深入开展公众宣传活动，提升公众对于公共图书馆的认识，扩大公共图书馆的范围，以及提供更加全面、有效、方便的服务，可以促进社会的可持续健康发展。通过网络读者活动进行阅读推广是一种新兴的推广模式，以下是对这一模式的探讨和介绍。

1. 网络读者活动的特点

得益于网络技术，网络读者活动已经从传统的阅读形式转变为以网站为载体的新型阅读形式，这种新型阅读形式具有更快的信息传播速度和更大的影响范围，使得阅读体验发生了显著的改变。

（1）在当今社会，随着科技的发展，人们可以从多种渠道，如网络、社交平台、社交媒体和其他社交工具，来接收和了解各种活动的最新消息，这些消息的范围也不仅仅局限在当前的社会环境，还可以扩展到更多的领域。随着互联网的普及，人们能够轻松访问异地公共图书馆的资讯。比如，鞍山市的一家公共图书馆，它的读者群体既包含了当地人，也包含了其他省份的人。

（2）互联网的普及使得读者活动不再受到时空的束缚，他们可以使用各种先进的技术，轻松访问各种阅读资源，并且能够按照自己的兴趣和偏好积极参与各种阅读活动。网络平台已经成为一种极具吸引力的社会交流渠道，它使得读者能够轻松、便捷、全面地参加各种活动，并且及时与其他参与者和相关的社群保持联系，从而获取最新的资讯或最新的研究成果。

（3）互联网为读者提供了更加丰富的活动参与方式。活动形式包括传统的征文、绘画、演出、演讲、演示、调研、问卷调查，以及最新的网络游戏，还有利用互联网的特性举办的各种创意活动，让读者体验到不一样的活动乐趣。

（4）相较于传统的读者活动，网络读者活动的成本更少，不需要支付任何形式的广告、宣传材料、交通工具、信件和电话费用，从而大大降低了活动的成本。

（5）网络读者活动具有极高的互动性，读者可以通过网络与工作人员进行实时交流，了解活动的最新进展，并且可以根据自身的需求提出宝贵的建议和意见，从而更好地推动活动的发展。

2.网络读者活动在公共图书馆阅读推广中的作用

（1）为了让更多的人能够充分利用公共图书馆的资源，鞍山市图书馆推出了网上阅览活动，这一举措不仅提高了信息的利用率，还能够让更多的人深入地探究公共图书馆的历史、现状及未来的发展。2012 年，鞍山市图书馆积极响应"经典伴我成长"图书漂流及"网络时代"图书推广的号召，通过举办图书漂流和推广活动，让广大市民体验到经典图书的魅力，同时也让公共图书馆的数字资源得到充分的利用，从而极大地改善了公众的阅读体验。

（2）壮大读者队伍，提高公共图书馆的社会认知度。公共图书馆开展传统的读书活动时常受到时间、地域、参加者年龄等因素的制约，活动对象以学生和老人为主。而在网上开展读书活动，就能吸纳更多群体的参与。社区居民、在职职工、学生等各行各业、各个层次的读者都可以根据自己的需求参加活动。以鞍山市图书馆为例，2011—2012 年，该图书馆共开展各类网络读者活动 32 次，参加读者近 10 000 人次，以 20 ~ 45 岁读者居多，占活动总人次的 60% 以上，读者通过活动了解公共图书馆、走进公共图书馆，并有效利用公共图书馆。公共图书馆利用网络开展活动，为更多的读者参与读书活动提供了方便，也使更多的人加入公共图书馆读者队伍。鞍山市图书馆建立了"鞍山市图书馆读者活动 QQ 群"，读者和工作人员在 QQ 群里进行沟通、交流、解答咨询，开展信息服务并开展图书漂流、书评等活动，如今 QQ 群在不断扩大，成员已达 200 余人。

（3）2012 年，鞍山市图书馆采取了一系列有效的措施，以网络活动的形式，大力宣传公共图书馆及其相关的数字资源，其中"走进公共图书馆"

专题展览尤为突出，为公众带来了一次全新的阅读体验。鞍山市图书馆精心设计了 6 张数字展板，详细阐述了数字阅读的概念、公共图书馆的特点以及如何利用馆藏的数字资源，并且发放了 100 张数字资源体验卡，让许多读者在参观的同时能够更好地了解公共图书馆，最终成为该馆的正式会员。

第二节　读者推广和图书馆利用教育的基本要素

随着现代信息技术的飞速发展以及公共图书馆建设的不断推进，公共图书馆的内容和形式均发生了显著的变化。馆藏资源不再局限于传统的印刷资料、缩微资料、视听资料，而是扩展到了各种电子出版物和电子信息资源。互联网技术的广泛应用，使得公共图书馆能够通过网络连接到各类商业性电子文献传递中心、联机检索中心、电子杂志中心等各级网络。这些通过网络连接的外部信息资源，尽管归属权不在公共图书馆，但由于用户可以通过网络进行检索和获取，它们无形中成了图书馆馆藏的一部分，即所谓的"虚拟馆藏"。因此，现代公共图书馆的馆藏已经转变为"实体馆藏＋虚拟馆藏"，使得图书馆成为"无墙的公共图书馆"。

更为重要的是，公共图书馆的角色和功能也发生了根本性的转变。它不再仅仅是传统意义上的图书借阅场所，而是成了一个国家文明的象征，是国家竞争力的重要保障。这种转变也促使公共图书馆的读者教育策略进行了调整：传统的读者教育主要关注如何利用馆内收藏的图书文献资料，而在网络时代，公共图书馆的读者教育则更加注重培养读者如何利用数据库和网上信息资源，以及提升他们的信息素养。

随着现代信息科学的飞速发展和公共图书馆的持续优化，公共图书馆不仅在内涵和外观上有了显著的改变，更为广大读者提供了前所未有的丰富的学习机会。为了让更多人能够从这些新兴的学习模式中受益，公共图书馆需要构建一个全面、多维度的学习体系。

为了让更多人了解和利用公共图书馆，公共图书馆采取了多种策略。一方面，积极向公众传递信息，让他们全面了解图书馆的各项服务；另一方面，策划并组织了一系列与图书馆服务相关的活动，旨在通过互动体验的方式，让更多人亲身感受到图书馆的魅力和价值，从而激发他们使用公共图书馆的热情。

一、读者

数字化公共图书馆利用先进的计算机技术管理系统来提供高品质的、安全可靠的、可拓展的、可追溯的文献。它的目标是为广大的社会群体提供更加便捷的阅览体验。通过建立起来的电子信息系统，人们可以跨越时空的界限，实现跨越国界、跨越文化的沟通与合作。

2023 年 8 月 28 日，中国互联网络信息中心（CNNIC）在北京发布了第 52 次《中国互联网络发展状况统计报告》（以下简称《报告》）。《报告》显示，截至 2023 年 6 月，我国网民规模达 10.79 亿人，较 2022 年 12 月增长 1109 万人，互联网普及率达 76.4%。

二、内容

公共图书馆通过开展有效的阅读体验活动、提供阅读技巧的培训、宣传其特色服务、展示其丰富的文化内涵，以及提供多样化的在线阅览服务，可以更好地帮助人们了解并使用这些资源。

三、方式

由于每位读者的年纪、受教育程度和文化素养都存在差异，因此，为了满足读者的不同需求，公共图书馆应该投入大量的资源，采取多种形式，如口头讲座、实地考察、使用互联网、多媒体和电子杂志等。

第三节 公共图书馆读者推广和利用教育的内容

通过对读者进行公共图书馆利用教育，公共图书馆可以帮助读者更好地理解并使用图书馆资源，提高他们的信息素养。这些内容包括：了解公共图书馆的环境和功能、熟悉公共图书馆的文献资源类型和结构，以及如何组织网络信息。

一、提高读者的信息素养

由于科技的发展，现代社会对读者信息素养提出更高的要求，因此，每位社会成员都应当具备良好的信息素养，以便更好地适应现代化环境，并且充分发挥自身潜力，从而实现自身价值。作为一个重要的社会机构，公共图书馆拥有丰富多彩的公共服务建设项目，如提供专业的阅读室、学习室、研究室、文献中心，并且拥有大量的信息资源。公共图书馆要致力于为广大群众提供全面的信息咨询服务，帮助他们提高知识水平，增强道德品质。读者的信息素养包括他们对于信息的理解、认同，遵守道德准则以及运用这些技巧的能力。

阅读理论与文学作品都需要丰富的信息知识作为支撑，这种知识包含了信息技术、资讯内涵、资讯特点等。根据一项民间调研，60.4% 的受访者每个月都会花费一定的时间读书，而另外 39.6% 的受访者则根本没有时间阅读。此外，在人口超过 50 万的大城市，平均每个月看一次书的人口比例是 48%。要想真正提高国民的阅读水平，就必须更加努力地推动社会的发展，鼓励公众拥抱新的知识，提升自身的信息技能。随着科技的进步，信息道德素养已经成为当今社会的重要组成部分，它既可以激励和培训公民，推动社会的进步，也可以促进公共利益的实现。同时，公众应该提升自己的防病毒、防黑客的意识，以及增强自身的社会责任意识，以便更好地保护自己的权益。另外，公众还应该培养自己的信息处置、分析、管控、维护以及运营的能力，以确保自身的安全。

提高读者的信息素养，特别是对于公共图书馆来说，无疑是一项艰巨的挑战。因此，公共图书馆必须加大努力，让更多的人都能够接触到有用的知识和内容。虽然信息素养涵盖了许多概念，如思维、技术、伦理和技术，但它的核心是对信息系统的熟练掌握，这就需要公众具备良好的技术水平，以便轻松地使用这些资源。

二、研究文献信息的传播方式和特征

揭示数字化公共图书馆环境中文献信息的传递与交流模式、特点，能够使读者了解公共图书馆的原理和文献信息资源服务的运作方式。公共图书馆信息服务平台是公共图书馆为方便读者利用浩如烟海的网络信息资源而建立的，是公共图书馆与读者的桥梁。它具有信息导航的功能：一是信息查询，读者通过公共图书馆的门户网站接入互联网，查找网络信息；二是直接给读者提供信息。在公共图书馆的信息展示平台上，互联网成为文献信息的传播媒体，传递着馆藏文献信息、数据库信息、利用状况、研究评述信息等。在信息展示平台上，网络成为数字化公共图书馆最为表层的信息沟通工具，公共图书馆将需要对外发布的信息移至互联网上，使读者通过互联网进一步了解公共图书馆。

在数字化环境中，文献信息是借助互联网信息传递模式形成的，通常有主动和被动两种模式。文献信息传递的主动模式是公共图书馆和读者中的任意一方主动向另一方传递文献信息的过程，在现代互联网的环境下主要可以通过电子邮件的形式进行。当读者需要某一方面的文献信息服务时，他可以通过互联网给公共图书馆发送电子邮件，告诉他们自己需要哪些方面的文献信息服务，并告诉公共图书馆自己的联系方式等。反过来，公共图书馆也可以以电子邮件的方式传递文献信息给读者。当读者登记成为公共图书馆的读者会员并申请了免费电子邮件账号后，就可以收到包含文献信息服务的电子邮件。

而所谓被动模式就是那种"守株待兔"的模式，公共图书馆建立文献信息服务网站等待读者访问。这种方式目前在公共图书馆的读者服务中是较普遍的模式。然而这两种模式不是绝对割裂的，有效的数字化公共图书馆读者服务需要将两种模式结合使用。在数字化公共图书馆的读者服务过程中，信息交流不仅限于公共图书馆与读者之间，还包括第三方，如出版商、银行、数据库公司、咨询公司等。除了传统的阅览功能，现代的公共图书馆也使用了新技术，利用互联网技术打造出一个多元的、充满活力的阅览环境，在这个环境中，除了传统的阅览活动，公共图书馆还推出了一系列新型阅览活动，这些活动不仅能够丰富阅览环境，还能够增强阅览效果，激发读者的阅览兴趣，促进阅览效率的提升。

公共图书馆读者服务有如下特点：

1. 开放性

随着网络信息技术的发展，数字化公共图书馆已经成为一个开放的信息平台，它利用先进的计算机软硬件技术，实现了数据的快速、安全、高效传输，让每一台计算机都能够按照自己的通信协议，与其他计算机建立联系，进而拓展公共图书馆的服务范围。

2. 集成性

集成性意味着公共图书馆能够将多种信息服务和多媒体应用融合在一起，从而创造出不同的信息传输方式，包括文字、图像、声音、视频等；这些传输方式不仅支持单点传输，还支持多点传输，使得不同的计算机之间能够进行有效的信息交流。

3. 高效率

网络信息技术的发展极大地提高了信息的处理和交流效率。例如，公共图书馆可以与其他图书馆的电脑相连，实现快速、便捷的数据交换，从而极大地提升文献信息的利用效率。

4. 实时性

通过公共图书馆，读者可以实时获取信息资源，这体现了快捷、透明、公正的特点。

三、公共图书馆文献信息资源的类型与结构

公共图书馆文献信息资源的类型与结构，包括各种类型文献信息资料的结构、特色和使用方法。公共图书馆的信息资源不仅包括传统公共图书馆所能提供的文献信息资源，还应能够提供动态的文献信息和通稿，并将传统出版物以多媒体和超文本的形式提供给读者。馆藏内容不仅包含印刷资料、缩微资料、视听资料等，还有各种电子出版物、电子信息资源。而且通过使用互联技术，公共图书馆将外部信息资源变成自己的"虚拟馆藏"，公共图书馆馆藏的完整内涵已经变成"实体馆藏＋虚拟馆藏"。实现联网的公共图书馆可以连接各种商业性电子文献传递（供应）中心、联机检索中心、电子杂志中心等各级网络平台。

（一）电子出版物类型及其检索

电子出版物可以分为许多不同类型，如电子期刊、音像制品、网络文学作品等。其中，电子期刊作为一种重要的数字化文献，在当今的科技进步中取得了巨大的成功。电子期刊的优势在于其可靠的数据，可以通过网络快速访问。随着科技的不断发展，可在网上阅读的电子期刊数量也不断增加。

电子期刊按照不同方式进行分类，可以分为包括纸质期刊的电子版和只在网上出版的纯电子期刊；收费订阅型和免费访问型；将内容都放在期刊所在站点的服务器上的集中型电子期刊和期刊站点网页只有目录和摘要，而将文章分散在各不同站点的分布型电子期刊；等等。电子期刊的检

索主要包括电子期刊目录检索和电子期刊内容的使用。

互联网上有非常丰富的报纸资源，美国的《纽约时报》、英国的《泰晤士报》、中国的《人民日报》《光明日报》等均已推出网络版。网络上电子报纸的种类不断增加，内容也更加丰富，其检索和浏览的技术也不断发展。通过互联网，人们能够轻松地获取当天的新闻，这些新闻中既提供当天的全部内容，也提供"前期回顾"和"检索"这样的重要链接，让人们能够更加全面地查看新闻，同时，互联网也提供各种独立的资讯，如新闻的背景、新闻的发展、新闻的评价、新闻的专题报告，还有"检索"功能。

（二）数据库

数据库系统在过去几十年中取得了巨大的发展。特别是在近些年，随着视频、音乐、图像以及其他多种形式的信息的广泛使用，多媒体数据库的发展取得了长足的进步。

1996 年底，清华大学主办的《中国学术期刊（光盘版）》面世，它的学术内容涵盖面极为宽泛，而且定期更新，还拥有将传统的查询方法与现代的全文搜索技术完美融合的搜索方法，因此受到社会各界的一致好评。《中国学术期刊（光盘版）》是中国最具影响力的电子期刊资源库之一，它不仅反映了中国学术界的最新成就，而且也为公众提供了方便快捷的获得科学知识的途径。根据调查，我国群众普遍认可并热衷于通过互联网搜寻有关的学术资料，并与他人进行文化沟通。随着科学技术的发展，人们对于多媒体信息、电子数据交换（EDI）以及其他新型应用的关注度也在不断提高。为了满足公众对这些新型应用的需求，公共图书馆应当加强相关的阅览服务建设，提供专业的阅览咨询服务，帮助读者更好地理解并应用这些资源。利用公共图书馆的技术，读者可以通过输入相关的关键字、序号、期号、文献、关键术语、ISSN 来进行搜索。

（三）OPAC

联机公共检索目录（Online Public Access Catalog，OPAC），出现于20 世纪 70 年代中期，随着公共图书馆自动化各个方面的进步，OPAC 也有了惊人的发展。进入 21 世纪以来，OPAC 有了突破性发展，虽然 OPAC 仍以提供书目数据为主，但随着引入商业数据库，声音、图像、动画等多媒体数据信息也被纳入 OPAC，并且 OPAC 所收入的数据库不仅有文献数据库，还有事实数据库和数值数据库，也有根据馆藏自建的数据库等。它还与全文数据库相连接，因此用户不仅能利用 OPAC 进行二次文献的查询，还能进行全文检索。由于 OPAC 的用户不仅是受过专门训练的公共图书馆工作人员，还包括没经过训练的普通读者，因此现在 OPAC 的用户界面更加友好，用户可以根据菜单系统提示准确、快捷地进行操作。

四、网络信息资源的组织与展示

随着科技的飞速发展，互联网已然成为一种极具影响力的信息传播渠道。因此，为了满足社会的多样化需求，公共图书馆应当积极参与社会文化交流，建立一条完善的、可持续的、可扩展的、可追溯的信息渠道，为社会提供更多的文化服务。

通过运用先进的图书情报技术，公共图书馆可以有效地管理和分析当前互联网上的各种信息内容，从而有效地解决这些信息内容的混乱、缺乏条理性和可靠性等问题。在此之后，公共图书馆就可以将这些有价值的内容转化为自己的虚拟馆藏，从而拓展文献库。

第九章　公共图书馆阅读推广的具体应用

第一节　微信在公共图书馆阅读服务推广中的应用

近年来，微信以其强大的数据量和不断完善的功能，成为人们最重要的信息交流工具，且其影响力日益扩大。公共图书馆是一个极具价值的信息交流平台，它不仅可以推动社会发展，还能够提升公众的精神生活水平，并且通过应用最新的技术，可以让读者获得更加优质的阅读体验。将微信和阅读推广紧密结合，可以大大提升读者的阅读热情，这一点至关重要。

一、微信在公众图书馆中的应用可以为读者带来更多的读书体验

（一）微信拥有多种传播渠道，可以为用户提供丰富的阅读体验

微信在不断发展的过程中，已成为一个全面、直观的图书资讯平台，因此使用微信进行阅读推广不仅有助于公共图书馆更好地向用户推送各类图书，还能够极大地改善大众的阅读体验。

（二）通过深入了解微信用户的需求和偏好，可以为他们提供个性化的阅读内容

随着微信平台的发展，用户可以通过微信获取来自多种渠道的信息，但其中一部分信息并非用户真正需要或感兴趣的。因此，为了满足用户的需求，公共图书馆应该避免推送不必要的信息，要根据用户的喜好和兴趣来选择推送的信息内容。通过微信的大数据分析功能，公共图书馆可以更精准地向读者提供他们感兴趣的信息。

（三）微信的转发功能扩大了阅读推送内容的范围

微信的推送功能为人们提供了一种极具吸引力的信息传播方式，它不仅允许人们自由地转发和分享信息，还可以将感兴趣的信息快速地传播到朋友圈，从而拓宽信息的覆盖面，使信息的传播更加有效。

二、通过微信来提供阅读服务是一种改进方法

（一）充分利用微信公众号进行推广

微信公众号是微信推出的服务平台，微信用户主动关注并选择接受其推送的相关内容后，微信公众号就可以向订阅受众推送定制化内容，并对关注人群进行分类管理。公共图书馆是面向社会的服务组织，完全可以利用微信公众号向人们推送各种形式的内容，通过视频、图片等方式，清晰地将信息传达给人们，以提高阅读量。

（二）利用社交媒体平台提升反馈效果

公共图书馆可以利用微信的社交功能，让读者不仅可以分享自己的读书心得，还可以从中获取更多的知识。此外，创建微信读书会也是提升读书体验的重要手段，它不仅打破了传统读书方式的限制，还可以根据读者的反馈和建议，不断改进和优化读书活动的内容。

（三）将微信和微博紧密结合，更好地与用户进行互动

"一对多"和"一对一"是两种不同的传播方式，二者都能够提高信息的传播效率和针对性。公共图书馆在进行信息推送时，可以综合利用这两种方式的优势，实现信息的快速传播。

三、通过微信提供更多的阅读资源和优质的服务

（一）加强对公共图书馆微信平台的宣传

为了吸引更多用户，公共图书馆应该积极宣传自身的信息，并邀请用户参加公共图书馆举办的各种公益性的活动，从而激发用户的积极性，深化公众对公共图书馆的认知，并获得更多的信任。除了微信平台中"附近的人"等辅助工具，公共图书馆还应该利用微信公众号积极搜索周边使用微信的读者，并将有价值的信息及时发布给他们，从而激发他们的阅读欲望，增加用户人数。

（二）注重微信公众号推送信息的质量

公共图书馆微信公众号应该坚持以用户体验为核心，努力提供有趣、

直观、及时的信息，以吸引更多的用户。在编辑和推送过程中，应该坚持内容至上的原则，努力让用户享受到最好的服务。实践表明，推送的内容数量、时长以及信息的准确性，都会对公众的关注度产生重要的影响。

（三）利用微信不断推出的创新功能和应用

公共图书馆应该利用微信的强大功能，不断更新公众号的内容，以吸引更多的用户。例如，可以根据用户的订阅情况，为他们推送精准的阅读内容；此外，还可以利用地理信息，为他们提供最近的公共图书馆的信息，包括位置、交通等，以便他们更方便地获得公共图书馆的阅读服务。

微信作为一个具有巨大优势的交流平台，不仅能够满足人们对实时信息的需求，还能够帮助公共图书馆更精准地提供阅读内容，让人们更直观地获取知识。因此，公共图书馆应该充分利用微信的各种功能，让公共图书馆提供的信息更具时代感，并不断改进和发展。

第二节　公共图书馆开展专业阅读推广的
实践与应用

近年来，由于科技的飞速进步，互联网已经成为人类社会的重要组成部分，但是，互联网带来的负面影响也是显而易见的。为此，政府和社会各界都需要加强相关的管理，以促进社会文化的进步。其中，政府和社会各界的合作尤为重要，可以通过加强政府和社会的合作，为公众提供更多更好的文化服务。

公共图书馆曾经被认为是一个让人休息、增长见闻的地方，但如今它的地位正逐渐降低。然而，通过普及阅读，它仍然可以为人们带来许多益处。此外，它还可以为学生提供一个良好的环境，让他们更好地理解世界。在这里，人们可以通过参加各种专题阅读推广活动来丰富自己的知识。

一、公共图书馆与专业阅读推广之间的联系

公共图书馆是一个重要的普及知识的场所，它提供丰富的信息和资源，帮助人们提升文化素养。为了让馆内的优秀信息和资源发挥最大的作用，公共图书馆要充分利用专业阅读推广。随着信息化和数字化的发展，公共图书馆的各项活动均取得了显著发展，但是专业阅读推广的发展却显得举步维艰。专业阅读推广需要更加精准的定位，对书籍所包含的技术水平的

要求也非常高，因此普通书籍很难满足这种需求。而公共图书馆拥有丰富的文献资源，可以为专业阅读推广活动提供有力的支持。

二、专业阅读推广的发展现状

（一）专业阅读推广的含义

信息技术的飞速发展导致许多人已经忘记读书带来的乐趣。因此，政府和相关部门要采取措施来解决这一问题，并将专业的阅读活动作为解决此问题的一种不可或缺的方法。公共图书馆要有效利用丰富的文献资源，强化人们的专业知识和阅读技巧，提升阅读乐趣，并且帮助人们提升自己的阅读水平和知识。

（二）专业阅读推广的目标

1.采用科学的手段进行专业阅读推广

不同社会阶层的人群有各自独特的阅读需求，因此，为了更好地推广专业阅读，公共图书馆应该深入了解各种人群的专业素养和心理特征，并采取科学的方法来满足他们的需求，以此来提升专业阅读的效率。

2.激发人民群众的阅读兴趣

随着互联网技术的飞速发展，人们在网络上花费的时间变得越来越多。为此，公共图书馆必须采取措施提高公共服务水平，让人们从网络娱乐中抽出时间，享受阅读。一方面，应该鼓励公众参与阅读活动，培养他们的阅读能力；另一方面，应该根据社会的需求，为各个年龄段的公民提供适当的支持，以促进他们阅读水平的提升。

3. 培养人民群众的阅读素质

专业阅读推广的成功与否取决于人们的阅读习惯、方式和素养。相比普通阅读推广，专业阅读推广更注重学术研究和分析，并强调人际交往和沟通。因此，在推广专业阅读时，公共图书馆应该将思想交流作为核心，并重视培养人们的阅读能力。

三、将专业阅读推广应用于日常生活中

（一）升级公共图书馆的基础设施，以促进专业阅读推广活动的发展

公共图书馆在促进专业阅读推广方面发挥着重要作用，因此完善其基础设施显得尤为必要。人们的阅读习惯和方式各不相同，因此，为了更好地促进专业阅读推广，公共图书馆应该满足人们的多种需求。

首先，公共图书馆的布局需考虑特定的目标受众，每个区域都配备特定的专业工作人员，以便让读者更好地理解和使用该区域的文献。其次，随着社会的发展，公共图书馆也需要更多地使用现代科技，有效利用现代科技以满足读者日益增长的需求。公共图书馆应该朝着更加多元的方向发展，并通过互联网创建专门的阅读推广项目，方便那些无法亲自参与活动的人。

（二）提高举办活动的频率

为了更好地推广专业阅读，公共图书馆必须采取更多措施。首先，应该加强图书馆自身建设，并提高专业阅读推广活动的频率。其次，公共图书馆应该根据时代的变化，采用更多方法来吸引更多的人参与活动。最后，公共图书馆还应该加强对专业阅读推广的重视，并在必要时创建专项资金，以支持它的发展。

（三）将公共图书馆专业阅读推广活动与教育事业相结合

通过将公共图书馆的专业阅读推广与教育事业相结合，让更多的人参与到阅读活动中来，可以有效改善全社会的阅读氛围，促进社会的健康发展。具体来说，公共图书馆应该与学校建立良好的合作伙伴关系，并且通过研究学生的个性化需求，提供适当的服务，来提高他们的阅读兴趣。此外，还应该让阅读融入学生的日常学习生活。通过设定有针对性的课程，并利用公共资源，更好地激发学生的阅读兴趣，并促进他们的自我成长。

（四）持续创新

公共图书馆除了建立一个完整的信息系统，还应该大力发展和完善其设施和服务，以便更好地服务社会。还要开展多种便捷的借阅服务，以便更好地满足不同读者的需求，从而更好地推广专业阅读。

经过深入研究，笔者认为，专业阅读推广对于提升社会平均文化素养至关重要。因此，公共图书馆需要根据当前的社会和文化背景，采取更加有效的措施来提升服务水平。同时，还需要根据人们的读书习惯和需要，设计出更加适宜的专业阅读推广项目来满足社会的需求，进而推进经济社会的艺术交流和文化传承。

第三节　微博在公共图书馆阅读推广活动中的应用

随着社交媒体的发展，微阅读的受众和形态也发生了巨大的变化。因此，如何利用社交媒体的优势，构建一个具备多样性的社交媒体环境，以及建立一个基于社交媒体的移动公共图书馆联盟，来实施全民参与的阅读推广，已经成为当今社会的重大课题。

随着双微时代的到来，微信公众号和微博的影响力不断攀升，同时，许多公共图书馆都开始创建微博账号和微信公众号，以此作为一种全新的社会化媒体平台，以期能够给读者带来更好的阅读体验和更便捷的服务。

一、微博的阅读推广优势

（一）阅读资源的及时更新性

毋庸置疑，互联网的发展已经到达史无前例的高度，因此，利用微博作为搜索工具来获得最新的信息和新闻，已经成为一大趋势。此外，公共图书馆也通过微博提供便利的服务，读者可以实时获得最新的阅读资料，并且能发表自己的观点、参加博友的活动等，从而获得最全面的读书感受。

（二）阅读的低门槛与方便性

微博的使用非常容易，无论是通过手机还是电脑，用户只要输入需求，就能够轻松获得相应的资讯。此外，用户还能够通过登录主页来查看自己关注的博主的最新动态。一些公共图书馆的官方微博拥有几万甚至几十万的"粉丝"，因此，使用微博进行推广的效果十分显著。公共图书馆创建官方微博，将有助于拓宽信息的传播渠道，让读者能够轻松获取关于公共图书馆的各种信息。

二、微博阅读推广的方式

（一）提供个性化服务

通过对读者的兴趣、专长、研究领域的深入探索，公共图书馆能够更加精准地满足他们的个性化需求，从而实现对他们的有效支持。微博拥有一套功能完善的系统界面，能够满足用户的多样化需求，用户可以通过微博轻松获取各种资源，获得更多的知识，从而更有效地实现自我价值。通过有效的交流渠道，公众与公共图书馆可以进行良好的沟通，从而提高微博的宣传效果，让公众对网络阅读产生兴趣。

（二）构建微博平台的移动公共图书馆联盟模式

移动公共图书馆联盟是一种新的组织形式，旨在满足读者在任何时间、任何地点都可以轻松获取信息资源的需求。各公共图书馆通过无线网络技术将资源推送给合作伙伴，并将其自有资源和网络资源结合起来，共同分享资源，实现多赢。"借阅特许"是一种旨在促进馆际互借的有效方式，它为成员馆提供了借阅特权，并且允许联盟成员根据借阅数量获得相应的优惠。

三、微博阅读推广优化建议

（一）推广微博阅读理念

只有持续地发布高质量的信息内容，才能拥有稳定的用户群体，形成口碑效应，提升阅读推广的竞争力。公共图书馆开展微博阅读推广应该关注以下两方面：第一，坚持分众化阅读推广策略，兼顾不同读者群体的阅读需求，基于用户细分发布对用户有价值的微内容；第二，要建立和维护与用户的情感联系，为用户营造阅读的归属感，培养用户的忠诚度，进而提升阅读推广的效果。

（二）将内容形象化，避免缺乏趣味性

利用微博碎片化阅览的优势，公共图书馆应该采取有针对性的措施，即通过精心设计的小游戏、有趣的视频等形式，来激发用户的阅览兴趣，进而实现有效的阅读推广。公共图书馆应该加强对个人的支持，提供专属的阅读服务，为用户提供更多的选择和更优质的内容。

（三）多方挖掘专业推广人才，提高微博平台的推广效率

为了提高公共图书馆的数字阅读水平，公共图书馆工作人员应该积极学习并运用新媒体技术，将其应用于实际工作中。同时，公共图书馆也应积极引入各种人才，进一步加强对微博平台的利用，使微博阅读推广工作稳步发展。

第四节 公共图书馆阅读推广服务中 H5 场景秀的应用

随着"互联网＋"的发展，公众对阅读的需求也日益增长，这使公共图书馆成为推动社会阅读风尚的重要阵地。但是由于网络技术的迅猛发展，越来越多的人仅仅把图书馆当作提供基础知识的场所，且只能通过简单的浏览来满足自己的需求。尽管公共图书馆采取了多种措施来帮助读者提升阅读能力，但是这些措施的有效性仍有待提高，尤其是在设计和组织活动方面，公共图书馆应该更加注重创造性，以便让更多的人从中受益。基于当前的情况，使用 H5 场景秀新媒体技术来进行公共图书馆的阅读推广，可以有效地提升其服务效能，促进学习型社会的发展。

一、H5 场景秀新媒体技术概述

随着云计算、大数据等信息化技术的迅速发展，新媒体技术层出不穷，信息内容的呈现形式和传播方式发生了深刻变革，信息传播途径得到了扩展，传播成本下降，信息量激增。目前，HTML5 技术已经成为基于互联网的一项不可或缺的开发技术。HTML 是指超文本标记语言，它包括一系列标签，通过这些标签，使用者可以将网络上的文档格式统一，使分散的网络资源成为一个逻辑整体。HTML5（H5）即第五代 HTML 以及使用第五代 HTML 制作的相关数字产品。在日常生活中，人们可以根据需要使用这项新媒体技术制作电子贺卡、宴会邀请函、音乐相册等宣传类产品。目前，应用 H5 技术制作的场景秀在微信等通信软件中比较常见。面对读者数量少、图书资料使用率低的情况，公共图书馆可以引入 H5 场景秀技术，利用其在传播、互动等方面的优势，拓宽阅读推广的覆盖面，提高馆藏利用率。

二、H5 场景秀新媒体技术在公共图书馆阅读推广服务中的作用

（一）拓宽了传播渠道

公共图书馆进行有效的阅读推广可以有效地促进社区的发展，并且使馆藏资源得到更好的利用。在这个过程中，公共图书馆需要考虑如何通过特定的媒介来进行推广，这样才能真正达到推广的目的。H5 场景秀的出现极大地改善了传统的阅读推广模式，它不仅能够更有效地激发读者的兴趣，还能够扩大宣传的范围，让更多的人都能够接触到这种独特的推广形式。它不仅能够让管理人员更加便捷地向社会宣传公共图书馆，还能让更多的读者获取到有价值的内容。

（二）提升了互动效率

随着 H5 的出现，人们的交流变得更加便捷，这大大提升了阅览的质量。这种交流方式比传统的方式更加强大，因为它允许人们主动参与，而且阅览的内容也更加丰富。这种交流方式使得人们更容易理解和掌握阅览内容。

H5 新媒体技术的应用能够大大提升读者和公共图书馆的交流效率，从而实现有效的信息传播和交流，推动双方的深度合作。

（三）提高了馆藏文献的使用率

笔者发放了 100 份调查问卷，并全部回收。问卷涉及的问题包括：搜索困难、未能获取必要信息、缺乏必要的知识、缺乏正确的操作方法、缺乏对数字资源的认识、未曾接触数字资源等。根据问卷调查结果，许多读者并未在公共图书馆中阅览或借阅过任何形式的文献。为此，笔者采访了一些读者，获得了以下答案：使用电脑搜索、使用智能设备搜索、与专业人士交流或自己搜索。根据调查，许多人对如何快速搜索图书信息感到困惑，这降低了馆藏资源的使用效率。然而，H5 场景秀的出现，给人们提供了前所未有的便利，它既能够让人们更快捷地搜索到所需的内容，又能够激起他们的阅读欲望，从而极大地提升馆藏资源的使用率。

三、H5 场景秀技术在阅读推广活动中的应用策略

（一）注重宣传推广，扩大受众范围

通过引入先进的信息科学、数字化、智慧化等手段，以及利用先进的网络技术，公共图书馆可以帮助读者获取更多高品质、高便捷性、高精准度、高可视化的阅读内容，从而实现公众参与度提升和获益最大化。为了更好地推广阅读，公共图书馆不仅要采取常规的推广手段，如举办书评比赛、带领读者参观文化博物馆，还要利用特殊的 H5 场景秀平台向读者提供精彩的阅读体验。

（二）坚持以读者为中心，重视读者的信息反馈

公共图书馆应该积极采用 H5 等新型媒介，加强对馆藏资源的管理和宣传，让更多的人能够轻松、便捷地了解有价值的内容，从而达到最大限度地满足他们的学习和生活需求的目的。利用先进的新媒体技术，能够制作出具有高度互动性的动态宣传页面，让读者能够更快捷地获取有价值的资讯，从而更好地满足他们的阅读需求。通过 H5 场景秀，公共图书馆能够吸引更多的读者，还能提升他们对公共图书馆服务的满意度。

（三）加强平台建设，构建阅读品牌

通过引入 H5 场景秀技术，公共图书馆能够更有针对性地进行阅读推广。这种方法能够更好地吸引和留住读者，并且能够更有效地实现预期目标。通过这种方法，公共图书馆能够更好地促进社区的发展，并且能够更有效地吸引更多的人参与阅读活动。

现代社会，由于信息技术的发展，品牌的地位日益凸显。不管一个公共图书馆的体量如何，只要它具备独一无二的资源和优质的服务，就很有可能收获良好的口碑，从而赢得更多读者的青睐。通过 H5 场景秀技术，公共图书馆能够有效地进行自我推广，这样才能够在互联网时代吸引并留住更多的读者。此外，通过这种方式，公共图书馆能够持续改善读者的阅读体验，并且增强读者的社交能力。

随着时代的进步，阅读已成为一项不可或缺的活动，它不仅能够促进

民族文化的传播，还能够提升国民的整体素养。因此，公共图书馆必须把握这一历史性的机遇，为读者积极开拓多样的阅读渠道，提供更加完善的阅读服务，从而营造一个更加健康、美好的阅读环境。

参考文献

[1] 薛虹. 数字技术的知识产权保护 [M]. 北京：知识产权出版社，2002.

[2] 奉国和. 数字图书馆 [M]. 北京：北京大学出版社，2003.

[3] 张炜. 国家数字图书馆服务框架研究 [M]. 北京：国家图书馆出版社，2012.

[4] 魏大威. 数字图书馆理论与实务 [M]. 北京：国家图书馆出版社，2012.

[5] 黄肖俊，吕肖庆. 数字出版与数字图书馆 [M]. 北京：电子工业出版社，2013.

[6] 刘晓清. 怎样建设数字图书馆 [M]. 北京：海洋出版社，2010.

[7] 黄梦醒. 数字图书馆服务链：服务模式·体系架构·关键技术 [M]. 北京：清华大学出版社，2013.

[8] 王芬林，吴晓. 数字图书馆发展研究 [M]. 北京：国家图书馆出版社，2012.

[9] 熊拥军，袁小一，等. 数字图书馆个性化服务研究与实践：基于新型决策支持系统 [M]. 北京：国防工业出版社，2012.

[10] 黄水清.数字图书馆信息安全管理 [M].南京：南京大学出版社，2011.

[11] 谢春枝.分布式数字图书馆资源整合与服务集成的管理研究 [M].杭州：浙江工商大学出版社，2009.

[12] 刘燕权.数字知识宝库纵览：美国数字图书馆案例精析 [M].北京：海洋出版社，2014.

[13] 魏大威.数字图书馆建设与服务推广研讨会获奖论文 [M].北京：国家图书馆出版社，2012.

[14] 吕淑萍.图书馆数字资源版权管理实践与案例 [M].北京：国家图书馆出版社，2013.

[15] 徐周亚，龙伟.国家图书馆数字资源对象管理规范 [M].北京：国家图书馆出版社，2013.

[16] 吴建华.数字图书馆评价方法 [M].北京：科学出版社，2009.

[17] 袁永久.我国数字信息资源共享建设策略研究 [J].农业图书情报学刊，2011，23（7）：26-28，67.

[18] 姚晓霞，肖珑，陈凌.新世纪十年 CALIS 的建设发展 [J].高校图书馆工作，2010（6）：3-6.

[19] 于新国.对数字信息资源开放存储的研究 [J].价值工程，2012（24）：231-233.

[20] 于新国.开放获取环境中的我国图书情报类现期期刊资源分析 [J].科技文献信息管理，2010，24（4）：27-29，32.